かぎ針編みの
編み図が読めるようになる本

kiho. 著／natsuki 著
奥住玲子 監修

for beginner!

日本文芸社

What is this book?

はじめに

一度編み始めると、何時間でも夢中になれるかぎ針編み。かぎ針と糸さえあれば、好きな色、好きなデザインのかわいい小物が編めて、出来上がったものを友達と見せ合うのも楽しいひととき。そして試行錯誤しながら、時間をかけて編み上げた作品は、ちょっと誇らしくて、特別なアイテムになりますよね。

この本は、かぎ針編みの初心者のかたの「YouTubeなどで編み方動画を見ながらなら編めるのに、本やキットの編み図は難しすぎて挫折してしまった」という声をきっかけに生まれました。編み図は記号がたくさん並んでいて、特有の形式で表されるので一見難しく感じるかもしれません。しかし、記号の示す編み方や記号の並び方の法則がわかれば、それほど難しいものではありません。編み図に出てくる記号は、すでに動画を見ながら編んでいて、実はもうマスターしている編み方だったりも！

動画を見て編めるということは、基本の編み方は身についているということなのです。編み図を読むことを諦めてしまうのはもったいない！

この本では、一般の本ではあまり詳しく解説されない「編み図の読み方」について、ていねいに解説しています。掲載作品はＳＮＳで大人気のkiho.さんとnatsukiさんに作っていただきました。編み図の読み方を勉強しながら、かわいくて実用的な作品が編めちゃいます。また、初心者のかたがつまずきやすい編み方やポイントは特に詳しく解説。途中でわからない記号や編み方が出てきたら、動画のQRコードや写真を見て確認しましょう。

編み図が読めたら、作品の幅が広がり、これからの編みライフがもっと楽しくなります。「どうしてもこの本の作品が編みたい！」、編んでいて「あれ？」と思ったとき、この本を開いて、編みたい作品に近い編み図を探してみてください。編み物の場合、全く同じ編み図に出合うことはありませんが、編み図を読むときに応用できるヒントがきっと見つかります。

Contents

Lesson1
かぎ針と糸の基礎知識

かぎ針のこと　12
かぎ針の種類　12
かぎ針のサイズ　13

糸のこと　14
糸の種類／糸の素材　14
糸の太さと適した針　15
ラベルの見方　16

かぎ針と糸の関係　18
かぎ針と糸の組み合わせと
仕上がりサイズのサンプル　18
ゲージについて　20

あると便利な道具　22

Lesson2
かぎ針と糸の使い方

編み始める前に　24
糸端の取り出し方／糸のかけ方　24
かぎ針の持ち方／編むときの手元　25

編むときの注意　26
糸の出し方／針の入れ方　26
糸つなぎのバリエーション　27

編み終わったら　28
糸始末のしかた　28

Lesson3
編み図の読み方

編み方ページに書かれていること　30

編み図が示す編み進め方　32

基本の編み方　34
平編み（往復編み）　34
円　36
楕円／筒　38

Lesson4
編みながら編み図を学ぼう

A フリルハンカチ 40

I ワンショルダーバッグ 72

B ピコットハンカチ 44

J バケツバッグ 78

C 巾着 48

K グラニースクエア 86

D・E シュシュ 52

L 立体モチーフ 90

F バケットハット 58

Column
モチーフをつないでウエアやバッグに！ 96
モチーフつなぎのバリエーション 97

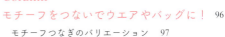

G イヤホンケースカバー 62

M あみぐるみ 100

H ネットバッグ 66

Contents

Column
こんなときどうしよう？
かぎ針編みのギモン　106

サイズを変えたいときはどうすればいいの？　106

2本どりできれいに編むコツを教えて！　107

編み地の表と裏の見分け方は？　108

編み図のどこを編んでいるかわからなくなっちゃう！　109

この編み方がわからない……　110

使えるかわいい模様編み、教えて！　112

編んだものは売ってもいいの？　113

Special
作家さんの編みライフ　114

kiho. さん　114

natsuki さん　116

いろいろな糸で編んでみよう　118

ハマナカの編み糸　118

編み糸以外のものでも編める！　121

主な編み目記号と編み方　122

この本でできること

かぎ針編みを始めたばかりのかたや、
動画を見れば編めるけれど編み図を読むのは難しい
と感じているかたに向けて、編み図の読み方を解説します。
もっとかぎ針編みを楽しめるようになる一冊です。

**かぎ針と糸と
サイズを解説**

かぎ針編みの基本がわかる！

Lesson1・2では、かぎ針と糸の種類や選び方、きれいに編むための扱い方を紹介します。また、悩む人が多い編み地のサイズについても解説。糸と針の組み合わせによって編み地のサイズがどう変わるのか、詳しく解説します。

かわいい作品を編みながら
編み図の読み方をマスターできる！

**動画と写真で
丁寧に解説**

Lesson3・4では、編み図の読み方を徹底解説。編み図に書かれている内容や編み進め方を知り、編み図を見ながらの作品作りにチャレンジしましょう！ 作品の編み図には、つまずきやすいポイントの解説動画やプロセス写真をリンク。編み図や編み目記号と編み方を結び付けて覚えることができます。

**複雑な編み図の
読み方も紹介**

気になるギモンを解決できる！

編んでいてちょっと気になることやアレンジ方法など、ビギナーのギモンに、具体的なアイデアでお答えします。

かぎ針がもっと楽しくなる
デザインや材料のことがわかる！

**いろんな糸も
紹介**

本書の作品をデザインしたkiho.さん、natsukiさんへのインタビューを掲載。また、老舗毛糸メーカー・ハマナカのいろいろな編み糸や、意外な材料も紹介しています。編むのがもっと楽しくなるヒントがいっぱいです。

この本の編み方ページの使い方

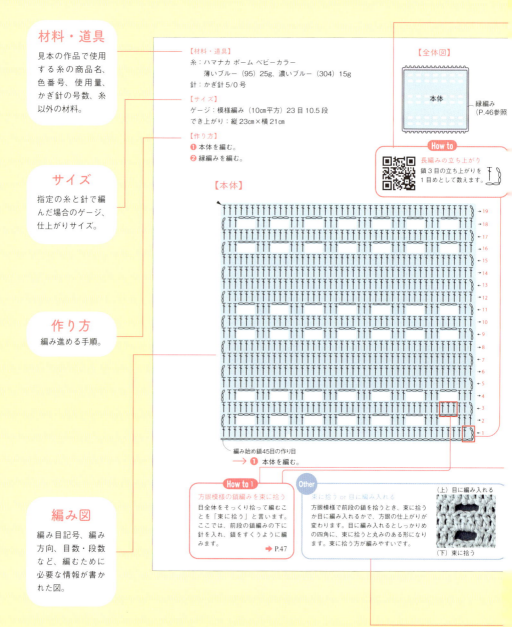

つまずきやすいところを動画と写真で部分解説

How to
長編みの立ち上がり
鎖3目の立ち上がりを1目めとして数えます。

編み方動画へリンク

作品の編み図の中で、初心者が迷うことが多い編み目記号には、編み方動画のQRコードを掲載。QRコードをスマートフォンやタブレットで読み取ると、その編み方に直接リンクし、すぐに確認できます。

ハマナカ公式YouTubeチャンネル[amuusejp]または日本文芸社の動画につながります。

How to 1
方眼模様の鎖編みを束に拾う
目全体をそっくり拾って編むことを「束に拾う」と言います。ここでは、前段の鎖編みの下に針を入れ、鎖をすくうように編みます。　→P.47

写真で手順を解説

どう編み進めるかわかりにくい部分は、写真で手順を紹介します。編み入れる位置を矢印で示すなど、丁寧に解説。じっくり確認しながら編み進めることができます。

編みやすくなるコツや違う編み方を提案

間違いやすいところ、アレンジできる部分など、イラストや写真の見本も示しながらアドバイスします。

Other
束に拾う or 目に編み入れる
方眼模様で前段の鎖を拾うとき、束に拾うか目に編み入れるかで、方眼の仕上がりが変わります。目に編み入れるとしっかりめの四角に、束に拾うと丸みのある形になります。束に拾う方が編みやすいです。

（上）目に編み入れる
（下）束に拾う

9

この本に登場するキャラクター

かぎ針編みビギナーの妹、かぎ針編みマスターの兄の2匹がガイドします！

beginner
妹・クロシェ

おしゃれが大好き！ トレンドのかぎ針編みのアイテムを手編みするため、はじめてのかぎ針編みに挑戦。兄・ヤーンが編んでくれたシュシュ型の首輪がお気に入り。

master
兄・ヤーン

飼い主のかぎ針編みを観察しているうちに、知識も技術もプロ並みに。かぎ針編みビギナーのクロシェが悩んでいると、コツを教えてくれる。好きな糸はモヘアヤーン。

著者・監修者紹介

著者

kiho.

かぎ針編み歴約1年、一児の母。編み物を通してさまざまな活動をしていきたいと夢見る駆け出しニッター。Instagramで初心者でも編める"簡単カワイイ"を意識した作品を投稿している。サクッと見られるかぎ針編みリール動画が大人気。ハッシュタグで見やすくまとめた毛糸情報も必見。今後は"初心者だってカワイイの編みたい〜！"のお手伝いができるよう、YouTubeにも力を入れていく。
Instagram:@crothetooyou
YouTube:kiho.CROCHET ˚for beginner｡

natsuki

服飾デザイン科の高校を卒業後、ファッションデザイン専門学校に進学し縫製や編み物の技術を学ぶ。卒業後縫製会社に勤務し、さまざまなブランドの縫製に携わる。その後、自身のショップを開設しハンドメイドの製作販売を行い、現在はフリーで縫製の仕事をしながら、YouTubeやSNSで編み物の情報を発信中。編み物には小学生の頃に興味をもち、いろいろな物を編みながら技術を習得。YouTubeでは初心者から上級者まで楽しめるシンプルでかわいい編み物作品の作り方動画を発信している。
Instagram:@natsukiknit
YouTube:natsuki knit.

監修
奥住玲子

女子美術大学卒業後、ニットアパレル、手芸糸メーカー勤務を経て作家として活動。書籍や糸メーカーへの作品提供のほか、編み図や刺しゅう図案のデータ作成なども行う。

Lesson 01

かぎ針と糸の基礎知識

かぎ針のこと

さまざまな素材、形、サイズのかぎ針があります。
糸の太さや使い心地で選びましょう。

かぎ針の種類

素材は、金属製のものがメジャーですが、竹製やプラスチック製のものもあります。形は、片側だけにかぎがある片かぎ針、両側に号数の違うかぎがある両かぎ針があります。また、持つ部分にグリップがついたタイプもあります。

金属製／片かぎ針

糸のすべりがよく、編みやすいのが特徴。

アミアミ片かぎ針6/0（H250-550-6）

金属製／両かぎ針・グリップつき

グリップがあることで持ちやすく、長時間使っても疲れにくい。

アミアミ両かぎ針ラクラク5/0-7/0（H250-510-5）

竹製／片かぎ針

ナチュラルな質感が魅力。

アミアミ竹製かぎ針No.6（H250-400-6）

かぎ針のサイズ

かぎ針のサイズは、針の太さによって2/0号から10/0号までの号数で表記され、数字が大きいほど太くなります。2/0号より細いものはレース針、10/0号よりも太いものはビッグ針などと呼ばれ、サイズはミリ（mm）で表記されます。

金属針は、中央部分に号数が刻印されていることが多い

両かぎ針の場合は、それぞれの針の号数が記されている

> **こちらもcheck**
> かぎ針の持ち方
> → P.25

かぎ針の号数（実物大）

2/0号（2.0mm）

3/0号（2.3mm）

4/0号（2.5mm）

5/0号（3.0mm）

6/0号（3.5mm）

7/0号（4.0mm）

7.5/0号（4.5mm）

8/0号（5.0mm）

9/0号（5.5mm）

10/0号（6.0mm）

糸のこと

形状や素材、太さなどによって、編みやすさや風合い、サイズが変わります。

糸の種類

糸の形や染め方でさまざまな種類があります。

ストレートヤーン
太さが均一でまっすぐ。初心者でも編みやすい。

ループヤーン
表面にくるくると輪っか状の糸がある。

スラブヤーン
ランダムに節状の太い部分がある。

モヘヤヤーン
モヘヤはアンゴラの毛のこと。毛足が長い。

リリヤーン
糸そのものが細い糸で筒状に編まれていて、糸割れしにくい。

グラデーション糸 マルチカラー糸
1本の糸をグラデーションやさまざまな色に染めたもの。

糸の素材

一般的に、秋冬物はウールやアクリル、春夏用はコットンやリネンなどの糸を使います。複数の素材を混紡したものも多くあります。

ウール
羊毛が原料。保湿性が高く、秋冬のウエア作品に最適。

コットン
洗濯しやすく、ベビー用や春夏のウエア作品などに適している。

アクリル
あたたかみある化学繊維。ウールとアクリルの混紡も多い。

リネン
さらりとした質感。夏のバッグや帽子などのアイテムにも使われる。

糸の太さと適した針

糸の太さは、並太、極太などの言葉で表記され、糸の太さの目安になります。ただし、メーカーによって基準が違っていたり、記載していなかったりする場合もあります。また、糸の太さによって適した針（適合針）のサイズは変わります。下記はその目安。糸のラベル（P.16参照）で適合針を確認しましょう。

糸の太さ

ハマナカ ティノ

ハマナカ 純毛中細

ハマナカ アメリーエフ《合太》

ハマナカ アメリー

ハマナカ アメリーエル《極太》

ハマナカ ソノモノ《超極太》

適合針（適した針）のサイズ

極細 ・・・・・・・・・・・・・・・・ 2/0 号

中細 ・・・・・・・・・・・・・・・・ 3/0 〜 4/0 号

合太 ・・・・・・・・・・・・・・・・ 4/0 〜 5/0 号

並太 ・・・・・・・・・・・・・・・・ 5/0 〜 6/0 号

極太 ・・・・・・・・・・・・・・・・ 7/0 〜 10/0 号

超極太 ・・・・・・・・・・・・・ 8/0 〜 10/0 号

\\ POINT LESSON //

適合針以外で編むと…

適合針より細い針や太い針を使うと、糸がかけにくかったり割れてしまったりして編みにくくなります。また、編み目がきつすぎたりゆるすぎたりと、仕上がりにも影響が。

適合針で編んだもの

目が詰まった編み地になる

適合針より太い針で編んだもの

すきまのあるゆるい編み地になる

こちらもcheck
- 糸のかけ方 → P.24
- ハマナカの編み糸 → P.118

Lesson 01　糸のこと

ラベルの見方

糸のラベルには大切な情報が記載されています。購入時に内容をしっかり確認し、1枚は保管しておきましょう。

ロット

ロットは、糸を染めたときの釜を表す記号で、ロットの記号が同じものは、同じ釜で染めたもの、またはそれと同じくらい色が近いもの。染めた回が異なる糸は、同じ色番号でも微妙に色差が出てしまうので、ロットが違う糸を編みつなぐと、色の差が目立つことがある。同じ色を複数玉購入するときや後から買い足すときは、必ずロットを確認して。

素材

糸の素材、混率。

適合針

この糸に適した針の号数。糸によっては、棒針の記載はあってもかぎ針の記載がない場合がある。その場合は目安として、棒針の適合針より1号細いかぎ針を選ぶとよい。

商品名

エクシードウールL《並太》			
品　質	ウール〈WO〉…100%（エクストラファインメリノ使用）	参考使用針	棒　針　6〜8号 かぎ針　　5／0
標準状態 重　量	40g（糸長約80m）	標準ゲージ	棒針 18〜19目・25〜26段 かぎ針（長編み）17目 9段
お取扱い 方　法	中性洗剤使用　あて布使用　P	使用針.ハマナカ アミアミ 手あみ針 矢印の方向へ糸を引き出してお編みください。	
製造発売元 ハマナカ株式会社		京都市右京区花園薮ノ下町2番地の3 TEL 075（463）5151（代） http://www.hamanaka.co.jp	
万一事故品がありましたら、ラベルを添えて、お求め先でお取り換え下さい。			

0071-847C
ロット
色番 847

4 522017 486340

色番号

糸の色を表す番号。

取り扱い方法

洗濯やアイロンなどお手入れの方法についてマークで表示している。➡P.17

標準ゲージ

適合針で編んだ編み地10cm四方に入る目数と段数。編みたいサイズに仕上げるための基準になる。➡P.21

重さ／長さ

1玉あたりの重量と糸長（糸の長さ）。糸の太さを比較する目安にもなり、同じ重さの糸玉の場合、糸長が長いほうが糸は細い。

取り扱い表示のマーク

糸の取り扱いは、素材や形状によって注意が必要です。編み糸でよく見られるマークを紹介します。

漂白
- ×印があるものは漂白剤の使用禁止

タンブル乾燥
- ×印があるものはタンブル乾燥禁止

家庭洗濯
- 手が書かれているものは手洗い推奨
- ×印があるものは家庭での洗濯は不可
- 数字は水温の限度

自然乾燥
- 横線は平干し推奨
- 斜めの線は日陰推奨

アイロン
- 絵の中の「・」「‥」「…」は温度「低」「中」「高」
- ×印があるものはアイロン禁止

クリーニング
- 「P」はすべての溶剤によるドライクリーニング可
- ×印があるものはドライクリーニング不可
- 「W」はクリーニング店が行うウェットクリーニング

Lesson 01　糸のこと

かぎ針と糸の関係

同じ形を編んでも、使用する糸と針によって、サイズが変わります。

かぎ針と糸の組み合わせと仕上がりサイズのサンプル

同じ編み図を、太さの違う糸と、それぞれの糸の適合針で編んでみました。細い糸・細い針ではサイズが小さく、太い糸・太い針ではサイズが大きく仕上がります。

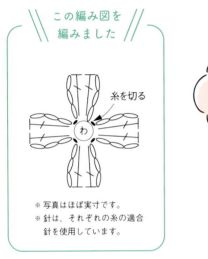

※写真はほぼ実寸です。
※針は、それぞれの糸の適合針を使用しています。

中細 × 3/0 号

ハマナカ 純毛中細

合太 × 4/0 号

ハマナカ アメリー エフ《合太》

並太 × 6/0 号

ハマナカ アメリー

Lesson 01 かぎ針と糸の関係

\\ POINT LESSON //
同じ糸でも針や編み方でサイズが変わる

並太 １本どり×5/0号

並太 １本どり×6/0号

並太 ２本どり×8/0号

１本どりは糸１本で編むこと。２本どりは、糸２本を揃えて一緒に編むこと。複数の糸を揃えて編むことを「引き揃え編み」ともいいます。
➡ P.107、119

極太×10/0号

ハマナカ アメリー エル《極太》

超極太×10/0号

ハマナカ ソノモノ《超極太》

19

ゲージについて

ゲージとは、一定の寸法の中の編み目の数を表したもの。編みたいサイズに仕上げるための基準になります。通常は、10cm四方の目数・段数が表示されます。
作品を編む前に、使用する糸と針で15〜20cm四方の試し編みをして、ゲージを測ります。レシピに掲載されているゲージの目安と比べてみて、針の号数や目数・段数を調整します。ゲージはあくまでも目安なので、気にしすぎずに大らかに編むのがオススメ。サイズ通りに仕上げたいときは、標準ゲージに近い糸を選びましょう。

なぜサイズが変わってしまうの？

サイズはいろいろな理由で変わるので、作品を編み始める前に試し編みでゲージを測り、確認しておくことが大切です。

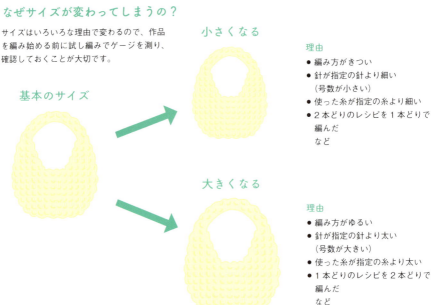

基本のサイズ

小さくなる

理由
- 編み方がきつい
- 針が指定の針より細い（号数が小さい）
- 使った糸が指定の糸より細い
- 2本どりのレシピを1本どりで編んだ

など

大きくなる

理由
- 編み方がゆるい
- 針が指定の針より太い（号数が大きい）
- 使った糸が指定の糸より太い
- 1本どりのレシピを2本どりで編んだ

など

ゲージの測り方

1. 使用する糸と針を使い、指示通りの編み方で、15〜20cm四方のスワッチを編みます。ゲージを測るのは10cm四方ですが、編み始めや左右の編み端は歪みやすいので、大きめに編んで中央部分を測ります。
2. 編み地と水平・垂直にメジャーをあてて、10cmの始点と終点にまち針などを刺します。
3. 10cm内の目数と段数を数えます。

極太 × 10/0 号の例
ゲージ 12目7段

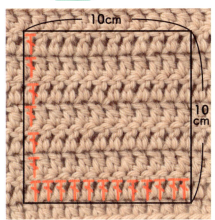

並太 × 6/0 号の例
ゲージ 19目11段

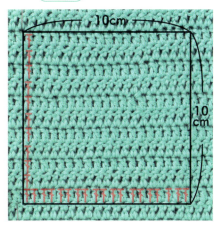

── \\\\ POINT LESSON // ──

ゲージが合わないときは

標準ゲージより目数・段数が多いとき
- 手加減をゆるめに編むように意識する。
- 1号太い針に変える。

標準ゲージよりも目数・段数が少ないとき
- 手加減をきつめに編むように意識する。
- 1号細い針に変える。
  ※針の号数は、糸の適合針と大幅に差があると糸割れや編みにくさの原因になります。±1号程度で調整を。

それでもゲージが合わないときは
下の計算式で、仕上がりサイズに必要な目数・段数を割り出すこともできます。
自分のゲージの目数（または段数）×（仕上がりサイズ÷10）＝必要な目数（または段数）
※編み込みや模様編みの場合は、模様の目数優先でデザインされているため、注意が必要です。

あると便利な道具

スムーズに編み進めるために、また、きれいに仕上げるために役立ちます。

メジャー
ゲージを測るとき、サイズを確認するときに使用。

はさみ
糸を切るときに使用。先が細い手芸用が便利。

段目リング
編み目に引っ掛けて、段や目の目印に使用。
段目リング（H250-708）

毛糸とじ針
糸始末に使用。一般的な縫い針よりも太く、先が丸い。
毛糸とじ針（3本セット）（H250-724）

まち針
編み地をとめるときに使用。先が丸い編み物用もある。

仕上げピン
先の曲がったピン。アイロンがけで編み地を固定するのに便利。
アイロン仕上げ用ピン（H250-714）

ニットピン
段数や目数の目印として編み目に通して使用。軽くて外れにくい。

Lesson 02
かぎ針と糸の使い方

編み始める前に

まずは、糸と針の持ち方を確認しましょう。

糸端の取り出し方

糸玉の中心から糸を引き出し、糸端を取り出します。糸玉の外側にも糸端がありますが、外側から糸を取ると糸玉が転がり編みにくくなります。

素朴なギモン

糸がかたまりで出てきたら？

中心から糸を引き抜くとき、かたまりになって出てくることがあります。絡まっていたらやさしくほどいて、糸端を探しましょう。

糸のかけ方

左手の指ではさみます。

1 右手で糸端を持ち、左手に写真のように糸を通す。

2 左手の親指と中指で糸端を押さえ、人指し指を立てて糸を張る。

かぎ針の持ち方

ペン持ちとナイフ持ちの二種類の持ち方があります。ペン持ちは針先をコントロールしやすいので、細かい模様なども編みやすいのが特徴。一方、ナイフ持ちは力を入れやすく手首への負担が少ないので、硬い糸や長時間編むときに疲れにくいです。

ペン持ち
ペンを持つように、親指と人差し指で軸を持ち、中指を添える。針先をコントロールしやすい。

ナイフ持ち
ナイフを握るように、親指と人差し指で支えながら軸を握る。硬い糸でも力を入れやすい。

編むときの手元

左手の人差し指を立てて糸を張り、テンション（糸の引き具合）をコントロールしながら、針先に糸をかけて編みます。

この本では、ペン持ちで編んでいくよ

編むときの注意

編んでいるときの針や糸の扱い方で、注意するときれいに仕上がる3つのコツを紹介します。

糸の出し方

糸玉から出ている糸の量が少ないと、編み進めるうちに糸が引っ張られて、編み目がきつくなっていきます。糸はたっぷりと出しておき、ピンと張らないようこまめに引き出しましょう。左手のテンション（糸の引き具合）を一定にすることが大切です。

糸はたっぷりと出しておく

糸が張っている

針の入れ方

かぎ針は、針先が細く、持つ部分に近いところは太くなります。そのため、針を浅く入れると目はきつくなり、深く入れるとゆるくなる傾向が。針を差し入れる深さが不安定だと、目の大きさがバラバラになります。

針は中ほどに、一定に

ゆるくなる

きつくなる

糸つなぎのバリエーション

編んでいる途中で糸を変えるとき、必要な強度と編み地にあわせて糸の処理をしましょう。一般的には糸端を結ばず、糸端をとじ針で編み地にくぐらせて処理しますが（P.28参照）、強度が必要なら、糸同士を結んでつなぎます。結び目が目立ちにくいのは「はた結び」、強度がより高いのは「かた結び」です。

はた結び

結び目が小さく、編み地に響きにくい結び方で、編み物でよく使われます。

1　人差し指の上で糸2本を交差させる。

2　交差した部分を親指で押さえ、下になっている糸を、矢印のようにかける。

3　そのまま親指に巻くように糸を引く。

4　もう1本の糸の糸端を輪の中に押し込み、左手の親指を外す。

5　それぞれの糸端を持ち、四方に引いて結び目を締める。

かた結び

はた結びより強度がありますが、結び目は大きくなります。「本結び」「真結び」とも呼ばれ、編み物以外でもおなじみの結び方です。

2本の糸端を交差させて1回絡め、反対向きにも1回絡めて糸端を引く。

さらに強度を高めたいときは、2回ずつ絡める。

編み終わったら

編み始めや編み終わり、糸を変えた部分の糸端を始末します。

糸始末のしかた

編み地の表に響かないように、裏を見ながら行います。とじ針を使って、糸端を編み地にくぐらせていきます。

編み方向と逆にくぐらせる

糸端をとじ針に通して、編み方向とは逆側に向けて、編み地にくぐらせます。このとき、途中で方向を変えると編み地が伸縮しにくくなるので、一方向でくぐらせます。糸にもよりますが、約2cmくぐらせれば大丈夫です。

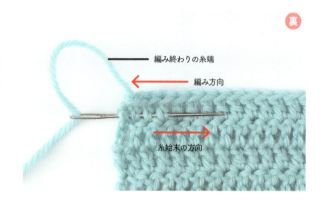

複数色のときは同じ色の糸に通す

複数の色を使った作品では、違う色の編み地に糸を通すと表から見えてしまうことも。同じ色の糸だけにくぐらせましょう。

糸端が短いときは先に針だけくぐらせる

とじ針を先に編み地にくぐらせてから、針穴に糸端を通します。とじ針を引けば、糸が編み地をくぐります。

編み図の読み方

編み方ページに書かれていること

材料や道具、編み方の記号図、組み立て図など、作品を編むためのたくさんの情報がまとめられています。

使用する糸や針と手順
用意する材料や道具、おおまかな作り方はここで確認を。

ゲージ、仕上がりサイズ
ゲージは、一般的には、指定の糸と針で10cm平方を編んだときの目数・段数を記載。「細編み（10cm平方）〇目△段、模様編み（10cm平方）□目◇段」のように編み方別に複数のゲージが書かれている作品もある。また、円やモチーフ編みの場合は、「直径☆cm」「1辺◎cm」のように表される。でき上がりサイズは、見本作品の幅、高さなどを記載。

作る手順
編む手順を文章で説明している。具体的な編み方なども細かく書かれているものもあれば、おおまかな工程だけ書かれているものもある。

作品の全体図
仕上がりのイメージ図や展開図に、サイズや段数、編み方向などが書かれています。

仕上がりサイズ（編む目数・段数）
幅、高さなど仕上がりサイズの目安と、指定糸で編むときの目数・段数を表示。

編み方向
矢印は、編み進める方向を示している。

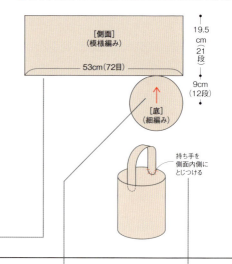

【材料・道具】
糸：ハマナカ エコアンダリヤ　茶（15）172g
針：かぎ針9/0号

【サイズ】
ゲージ：細編み（10cm平方）13.5目13段
でき上がり：底直径18cm×深さ19.5cm

【作り方】
❶ 糸は2本どりで、輪の作り目から細編みで底を編む。
❷ 側面を模様編みで編む。
❸ 持ち手を編み、本体の側面内側の指定位置にとじつける。

［側面］
（模様編み）
53cm（72目）

19.5cm
21段

［底］
（細編み）

9cm
（12段）

持ち手を側面内側にとじつける

まとめ方など
作品によって、パーツをつなぐ方法や仕上げのしかたなども書かれている。

Lesson 03 編み方ページに書かれていること

使用するかぎ針
見本の作品で使用する針の号数。

使用する糸
見本の作品で使用する糸の商品名、色番号、使用量など。

その他の材料
ボタンやレザーハンドルなど編み糸以外の材料を使う作品では、サイズ、分量などを表示。

編み方を表した図
1つの編み方を1つの記号で表した「編み目記号」を組み合わせて、作品の編み方や手順を表したものです。

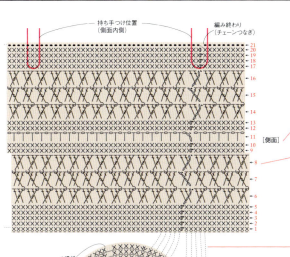

パーツ名
複数のパーツから作られるものの場合、それぞれの図に［側面］［底］などを表示。

段数と編み方向
各段の編み進む方向を表示。

続けて編む印
編み図上では位置が離れていても続けて編む場合、編み目記号どうしを点線などでつないで表す。

目数表
各段で編む目数と、前段から増やす・減らす目の数を一覧にしたもの。

合印
別のパーツなどとまとめるときに、同じ印の位置を合わせる。

編み図が示していること

P.86のグラニースクエアの編み図を例に見てみよう

編み図はどこから読んで、どの手順で編み進めればいいのか、編み図の示している内容を紹介します。

編み図からわかる編み手順

❶〜❻は、編み進める順番を示しています。

❶編み始めの作り目
「編み始め」「作り目」「鎖○目の作り目」や「わ」の記号で示されます。

❻糸の色を変えて5段めを編む

❺糸の色を変えて4段めを編む

❹糸の色を変えて3段めを編む

❸糸の色を変えて2段めを編む

段数表記
1〜5の数字は段数を示しています。この編み図は全部で5段あるということです。

Point
鎖編みの記号 ○ が複数つながっている場合、続けて編むことを示しています。上の記号は鎖編みを3つ続けて編むことです。

Point

記号は、編む方向に合わせて向きが変わります。上の4つは、どれも「長編み3目編む（束に拾う）」を示しています。

❷1段めを編む
（作り目〜1段めの編み進め方）

わ 輪の作り目で編み始める
→ 鎖3目で立ち上がり、続けて長編みを2目編む（作り目に編み入れる）
→ 鎖3目 → 長編み3目（作り目に編み入れる）
→ 鎖3目 → 長編み3目（作り目に編み入れる）
→ 鎖3目 → 長編み3目（作り目に編み入れる）

32

その他に編み図からわかること

編む手順以外にも、編み図にはいろいろな情報が示されています。ここではよく出てくる表記をご紹介します。作品によって編み図の表記は異なるので、p.41 からの作品の解説を読んで、編み図の表記のバリエーションを学びましょう。

背景の色

使用する糸の色を示しています。複数の色で編む場合、図の指示に合わせて糸を変えます。
※糸の色以外に、編み図内にある複数のパーツをわかりやすく示すために、あえて色を変えている場合もあります。

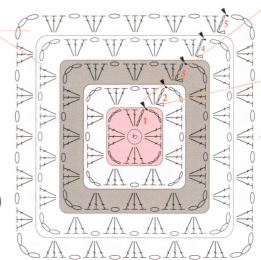

▶ 糸を切る

糸を数 cm 残して切り、糸始末をします。
→ P.28

▶ 糸をつける

糸を変えるとき、パーツを足すときなどは、ここで糸をつけます。

Point

記号の色

記号の色を変えて、段数を数えやすくしている編み図もあります。編み図内の色は違っても、糸の色は同じことも。同じページの糸色指定を確認しましょう。

読み方のルールがわかれば、他の編み図も読めそう！

素朴なギモン

これは同じ編み記号？

✕と╋

どちらも同じ「細編み」です。✕で記されることが多いですが、╋と記されることも。その場合、「細編み2目編み入れる」は、〴〵、「細編みのすじ編み」は╪のように、基本の記号に合わせて表されます。

一つの編み図の中でも、同じ編み目記号の大きさが違っていたり、形が変形していたりする場合があります。カーブや立体的な部分、離れた編み目をつなぐときなどです。記号の形は違っても編み方は同じです。

基本の編み方

基本の編み方を示した編み図の読み方と手順を紹介します。

平編み（往復編み）

鎖編みの作り目で編み始めます。下から上に向かって、1段ずつ、編み地の表裏を返しながら往復するように編んでいきます。基本的には、奇数段は編み地の表を見ながら、偶数段は裏を見ながら編みます。

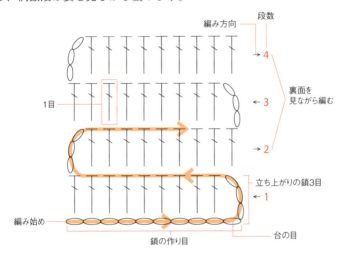

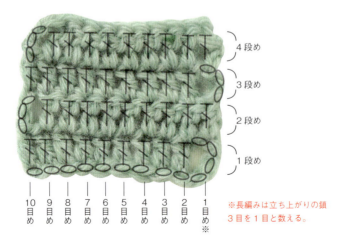

※長編みは立ち上がりの鎖3目を1目と数える。

\\ POINT LESSON //

立ち上がりの目数と次に拾う目

「立ち上がり」とは、段の始めに編む鎖編みのことです。その段で編む編み目の高さに合わせて、立ち上がりの鎖の目数を変えます。細編みだけは、立ち上がりの鎖を1目とは数えません。中長編み以上の高さの目では、作り目の最後の目が「台の目」となり、立ち上がりを1目として数えます。

編み方		立ち上がりの目数	次に拾う1目
細編み		鎖1目	立ち上がりの鎖1目
中長編み		鎖2目	1回巻く／立ち上がりの鎖2目／台の目
長編み		鎖3目	1回巻く／立ち上がりの鎖3目／台の目
長々編み		鎖4目	2回巻く／立ち上がりの鎖4目／台の目

Lesson 03

基本の編み方

35

円

輪の作り目で編み始めます。中心からぐるぐると一方向に、表を見て、増し目をしながら外側に向かって編んでいきます。増し目の位置を段ごとに変えると、きれいな丸に近づきます。

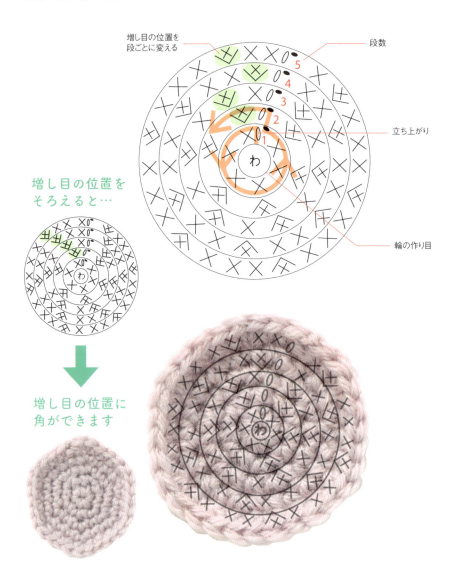

増し目の位置を段ごとに変える
段数
立ち上がり
輪の作り目

増し目の位置をそろえると…

↓

増し目の位置に角ができます

POINT LESSON
1段めの最後に拾う目

細編みで円に編むとき、また楕円や筒に編むとき（p.38参照）は、1段に必要な目数を編み終えたら、その段の1目めの頭2本を拾って引き抜き編みをします。中長編み、長編み、長々編みでは立ち上がりを1目めとして扱うので、立ち上がりの鎖の最後の目の頭2本を拾います。

細編みの場合
最初の細編みの頭2本を拾う

長編みの場合
立ち上がり3目めの頭2本を拾う

素朴なギモン
輪の作り目から四角も作れるの？

輪の作り目からは、円だけでなく四角形などいろいろな形を編むことができます。例えば左のページで示したように、同じ目数の細編みの円でも、すべての段で同じ位置で増し目をすると、その部分が角の六角形になります。また、1段の中で高さの違う編み目を入れたり鎖編みを入れたりすると形が変わり、四角形などを作ることができます。

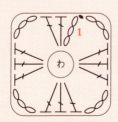

鎖の作り目で編み始めます。表を見ながら、作り目を囲むように、両端で増し目をしながら外側に向かってぐるぐると編んでいきます。

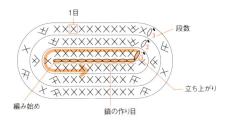
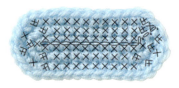

鎖の作り目を輪にして編み始めます。作り目の最後の目を編んだら、編み始めの目に編みつなぎ、下から上に向かって、表を見ながらぐるぐると編んでいきます。

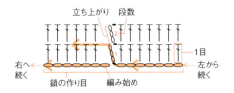

POINT LESSON
段目リングを使おう

円や楕円、筒では、段の最後に拾う目（立ち上がりの目や1目め）がわからなくなりがちです。立ち上がりや1目めを編んだときに段目リングをつけるのがおすすめです。

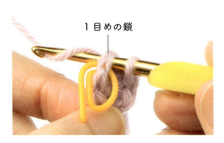

1目めを編んだときに段目リングをつけておくとわかりやすい

Lesson 04
編みながら編み図を学ぼう

- 編み目記号は P.122 〜 127 を参照してください。
- ❶〜❹…編む順番です。
- How to …編み方を写真や動画で詳しく解説しています。
- Other …作品とは別の編み方の選択肢を紹介しています。

※一部の作品は、写真の見本と編み図の仕様が
　異なる部分があります。

A / フリルハンカチ

肌にやさしいコットン糸で編んだハンカチは吸水性もバツグン。
本体部分はシンプルな細編みでボーダー柄に。
縁は長編みを2目ずつ編み入れて、フリルに仕上げます。

designed by kiho.

Frilled Handkerchief

【材料・道具】
糸：ハマナカ ポーム ベビーカラー
　　ライトパープル（306）24g、
　　ライトグリーン（94）14g、赤（303）20g
針：かぎ針5/0号

【サイズ】
ゲージ：細編み（10cm平方）24目26段
でき上がり：縦23cm×横22cm

【作り方】
❶ 本体を編む。
❷ 縁編みを編む。

【全体図】

縁編み
（P.42参照）

▷ ＝糸をつける
▶ ＝糸を切る

【本体】

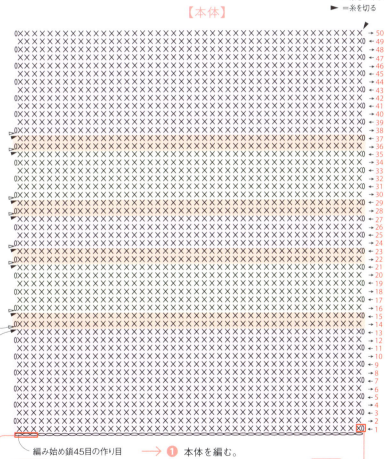

編み始め鎖45目の作り目　→　❶ 本体を編む。

How to　鎖の作り目
鎖編みで編み始めます。

How to　細編みの立ち上がり
鎖編み1目で立ち上がります。

Lesson 04　フリルハンカチ

41

【縁編み】

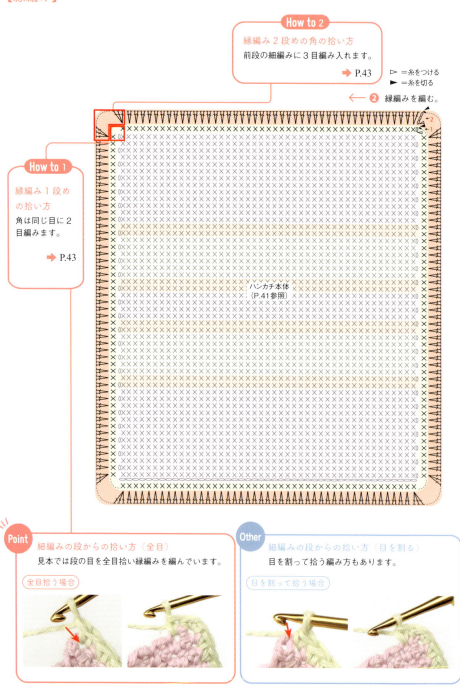

How to 2
縁編み2段めの角の拾い方
前段の細編みに3目編み入れます。
→ P.43

▷ =糸をつける
▶ =糸を切る

← ❷ 縁編みを編む。

How to 1
縁編み1段めの拾い方
角は同じ目に2目編みます。
→ P.43

ハンカチ本体
（P.41参照）

Point 細編みの段からの拾い方（全目）
見本では段の目を全目拾い縁編みを編んでいます。
（全目拾う場合）

Other 細編みの段からの拾い方（目を割る）
目を割って拾う編み方もあります。
（目を割って拾う場合）

How to 1 縁編み1段めの角と段からの拾い方

1 前段の角の目に細編みを1目編む。

2 1と同じ目にもう一度針を入れ、細編みを編む。

3 段の1目を拾って細編みを編む。

4 編み進めたところ。

How to 2 縁編み2段めの角の拾い方

1 角の手前まで編んだところ。

2 前段の角の1目めに長編みを3目編み入れる。

3 次の目にも、長編みを3目編み入れる。

角で目を増やすと収まりがいいんだね

Picot Handkerchief

B / ピコットハンカチ

長編みと鎖編みで作る方眼模様と、
縁を飾るピコットが個性的です。

designed by kiho.

【材料・道具】

糸：ハマナカ ポーム ベビーカラー
　　薄いブルー（95）25g、濃いブルー（304）15g
針：かぎ針 5/0 号

【サイズ】

ゲージ：模様編み（10㎝平方）23 目 10.5 段
でき上がり：縦 23㎝ × 横 21㎝

【作り方】

❶ 本体を編む。
❷ 縁編みを編む。

【全体図】

縁編み
（P.46参照）

How to

長編みの立ち上がり
鎖3目の立ち上がりを
1目めとして数えます。

【本体】

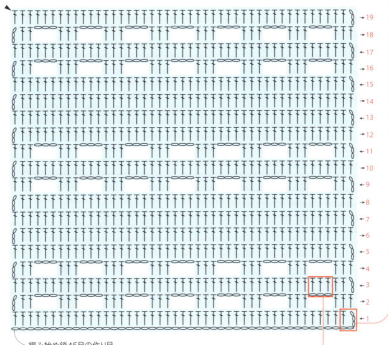

編み始め鎖45目の作り目
→ ❶ 本体を編む。

How to 1

方眼模様の鎖編みを束に拾う

目全体をそっくり拾って編むことを「束に拾う」と言います。ここでは、前段の鎖編みの下に針を入れ、鎖をすくうように編みます。
➡ P.47

Other

束に拾う or 目に編み入れる

方眼模様で前段の鎖を拾うとき、束に拾うか目に編み入れるかで、方眼の仕上がりが変わります。目に編み入れるとしっかりめの四角に、束に拾うと丸みのある形になります。束に拾う方が編みやすいです。

（上）目に編み入れる

（下）束に拾う

Lesson 04　ピコットハンカチ

【縁編み】

▷ =糸をつける
► =糸を切る

How to 2
ピコット
鎖3目をループにして、粒状の飾りにします。
→ P.47

← ❷ 縁編みを編む。

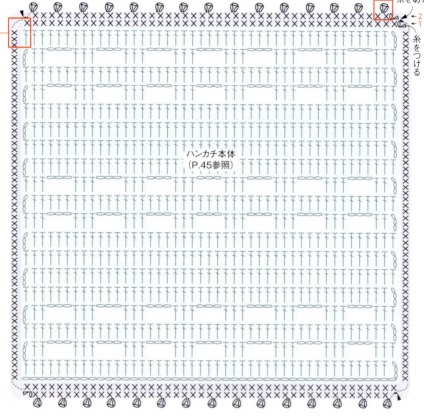

ハンカチ本体
（P.45参照）

糸を切る
糸をつける

Point	長編みからの段の拾い方（足を束に拾う）
	見本では長編みの足を束に拾って縁編みを編んでいます。

足を束に拾う場合

Other	長編みからの段の拾い方（目を割る）
	長編みの目を割って拾う編み方もあります。

目を割って拾う場合

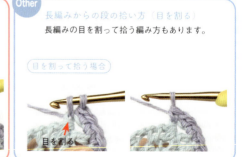

Lesson 04 ピコットハンカチ

How to 1 方眼模様の鎖編みを束に拾う

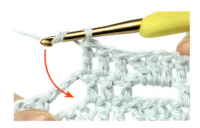

1 針に糸をかけて、前段の鎖編みの下の空間に針を入れ長編みを編む。

2 長編みを3目編み入れたところ。

3 次の3目は、前段の頭を拾って長編みを編む。

Other 長編みを目に編み入れる場合は、前段の鎖の頭を拾う。

How to 2 ピコット

1 鎖編みを3目編む。細編みの頭の手前半目と左足1本に針を入れる。

2 糸をかけて、3ループを一度に引き抜く。

3 ピコットが編めたところ。

縁編みでデザインが大きく変わるね

Drawstring Bag

C/

巾着

平編み（往復編み）で長方形に編んでから、端をとじ、
ひもを通して巾着に仕上げます。
玉編みとひもにつけたモチーフがキュート。

designed by kiho.

【材料・道具】
糸：ハマナカ ひととせ 赤系（4）20g、
　　ハマナカ ポーム ベビーカラー
　　グリーン（302）10g、クリーム（93）少々
針：かぎ針5/0号

【サイズ】
ゲージ：模様編み（10cm平方）18目 10.5段
でき上がり：縦14.5cm×横14.5cm

【作り方】
❶ 本体を編む。
❷ 本体を2つに折りたたみ、両サイドを細編みでとじる。
❸ 口に細編みで縁編みをする。
❹ モチーフから続けて鎖編みを編んで本体に通し、モチーフに編みつなぐ。

【まとめ方】

1. 本体を2つに折りたたみ、両サイドを細編みでとじる。

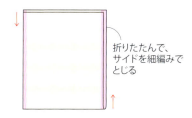

2. 巾着の口に1周細編みを編む。

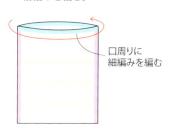

3. モチーフを編み、鎖を130目編んだら、本体にひもを通す。
通し終えたら、鎖編みを編み始めのモチーフにつなぐ。

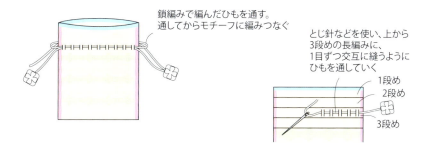

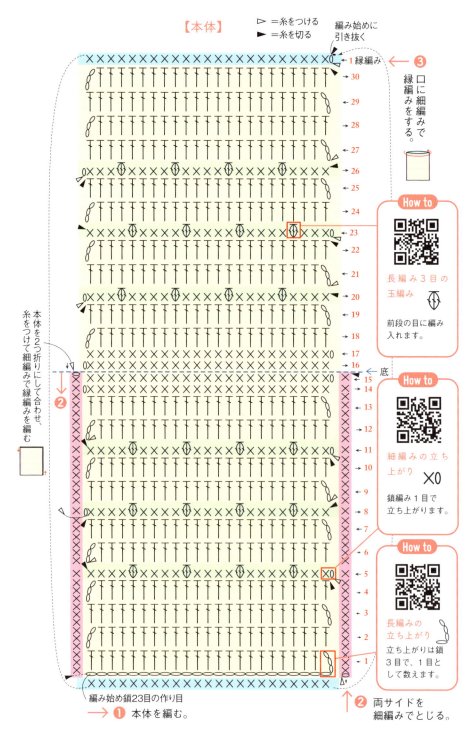

[ひも]2本

鎖130目

モチーフを編み、
鎖を130目編み
巾着に通したら、
中央の長編みに
引き抜いて
糸を切る

❹ モチーフから鎖を
編んで本体に通し、
モチーフに編みつなぐ。

Lesson 04 巾着

ひものつけ方

1 モチーフ1段めの最後の目を編み、立ち上がりの鎖の3目めに引き抜き編みをする。

2 鎖編みを130目編む。

3 最後の目を引き抜き、糸端をとじ針に通す。鎖編みの本体の上から3段めの長編みに、1目ごとに通す。

4 1で引き抜いた目の隣の目に針を入れる。

5 ひもをとじ付ける。

6 モチーフを裏にして糸端を始末する。

51

D

GRAY & GREEN
Ⓓ グレー×グリーン

GREEN & PINK
Ⓓ グリーン×ピンク

ORANGE & PURPLE
Ⓔ オレンジ×パープル

シュシュ

糸を2本どりにして、ヘアゴムに編みつけて作ります。
編む目の数を変えると、フリルの分量が変わります。
DとEは目数を変えたボリューム違いのデザインです。

designed by kiho.

Lesson 04 シュシュ

E

BROWN & GREEN
E ブラウン×グリーン

【材料・道具】

糸：ハマナカ アメリー

　　D：グリーン×ピンク…グラスグリーン（13）
　　18g、コーラルピンク（27）18g
　　グレー×グリーン…フォギースカイ（39）18g、
　　セージグリーン（54）18g
　　E：オレンジ×パープル…オレンジ（4）25g、
　　ラベンダー（43）25g
　　ブラウン×グリーン…ナチュラルブラウン（23）
　　25g、スプリンググリーン（33）25g

針：かぎ針 5/0 号
その他：ヘアゴム（リングゴム）直径 5cm

【サイズ】

でき上がり：直径約 15cm

【作り方】

❶ 糸は 2 本どりで編む。1 段めはヘアゴムに細編み
　を編みつける。

❷ 2・3 段めは、前段に長編みを 2 目編み入れる。

❸ 4 段めは糸を変え、細編みを編む。

❹ 2 段めの頭に引き抜き編みをする。

How to 1

ゴムに編みつける
ヘアゴムに直接糸を編みつけていきます。
　➡ P.56

【D　本体】

❹ 引き抜き編みでラインを入れる

❸ 縁編みを編む。

❷ 本体を編む。

How to 2

**編み地に
引き抜き編みをする**
本体を編み上げてから、2 段
めの頭に、引き抜き編みでラ
インを編み入れます。
　➡ P.56

Point

目の頭と足
編み目の上部の V
字状の部分を「頭」、
その下の部分を
「足」といいます。

頭
足

Point

ゆるめに編みつける
ゴムに編みつけるときは、
いつもよりゆるめに編むの
がコツ。きついと編み目が
ゴムにひっかかり、ゴムが
伸びた状態になります。

❶ 1 段めはヘアゴムに
細編み32目を
直接編みつける

▷ ＝糸をつける
► ＝糸を切る

目数表

段数	目数	増減目数
4	128	増減なし
3	128	+64
2	64	+32
1	32	

Lesson 04 シュシュ

How to
細編み2目編み入れる
同じ目に細編みを2目編みます。

How to
長編み2目編み入れる
同じ目に長編みを2目編みます。

How to 2
編み地に引き抜き編みをする
本体を編み上げてから、2段めの頭に、引き抜き編みでラインを編み入れます。 → P.56

❹ 引き抜き編みでラインを入れる。
❸ 縁編みを編む。
❷ 本体を編む。
❶ 1段めはヘアゴムに細編み42目を直接編みつける

【E 本体】

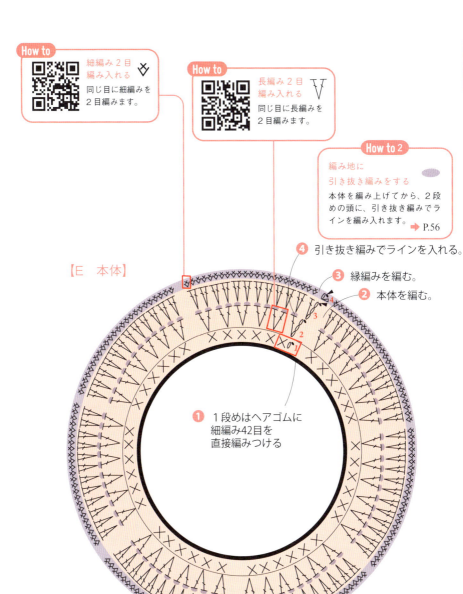

Point 糸の本数でサイズが変わる
編む糸の本数によって仕上がりサイズが変わります。

1本どり　2本どり

目数表

段数	目数	増減目数
4	336	+168
3	168	+84
2	84	+42
1	42	

55

How to 1 ゴムに編みつける

1 左手に糸（2本どり）をかけ、ゴムを持つ。ゴムの輪に針を入れて糸を引き出し、糸をかけて引き抜く。

2 ゴムの輪に針を入れて、細編みを編む。

3 細編み1目編んだところ。

4 同様に細編みを指定の目数編む。

How to 2 編み地に引き抜き編みをする

1 編み地の表側から、2段めの頭に針を入れる。編み地を軽く伸ばすと入れる位置がわかりやすい。

2 針に糸をかけて引き抜く。

3 次の目に針を入れ、糸をかけて引き抜く。

4 最初のループを引き抜く。

5 次の目に針を入れる。3・4をくり返し1周編む。

6 最後の目まで編んだところ。

7 糸を切って表に引き出し、とじ針に通す。

8 引き抜き編みの2目めを拾うように針を通す。

9 最後の目に針を入れて、裏側に出す。

10 裏側から糸を引き締める。

11 編み地を裏にして、同じ色の糸に針を通す。

12 糸を切る。

F/

バケットハット

細編みをベースにしたおしゃれな帽子。
ブリムの端は長編みを
2目編み入れてフリル状に仕上げています。

designed by kiho.

Lesson 04 バケットハット

Bucket Hat

【材料・道具】
糸：ハマナカ ソノモノ グラン
　　こげ茶（163）175g
針：かぎ針 7mm

【サイズ】
ゲージ：細編み（10cm平方）13目15段
でき上がり：頭回り55cm×深さ20cm

【作り方】
❶ トップを編む。輪の作り目で編み始め、増し目しながら12段編む。
❷ 13〜21段めは増減なく編む。
❸ ブリムは、22段めから増し目し、30段は長編み2目編み入れ、最後の段は引き抜き編みする。

【全体図】

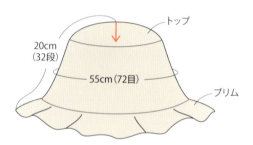

Point
トップの編み方
トップの円から側面に編み進めるとき、細編みのまま編むと、丸みのあるシルエットになります。

✕ 細編みのまま編んだ場合

Other
トップのアレンジ
側面の1段めを細編みのすじ編みにすると、角のあるシルエットになります。

✕ 細編みのすじ編みで編んだ場合

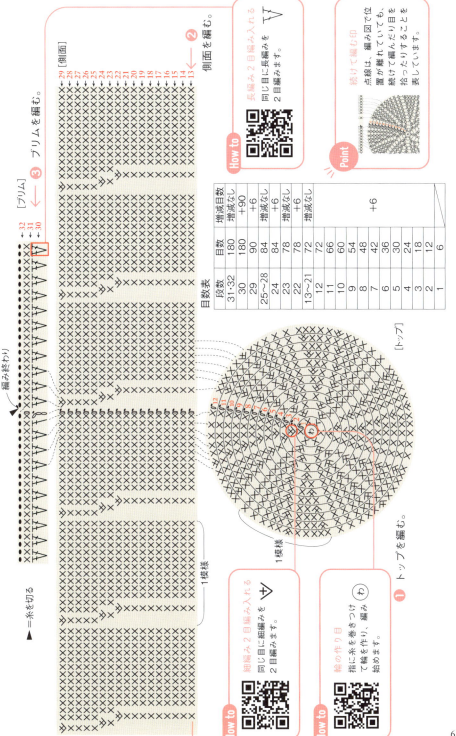

G/

Earphone Case Cover

イヤホンケースカバー

楕円の底から筒状に編み、フラップ部分は往復編みで。
色を変えて編む縁編みが、デザインのアクセントになります。

designed by kiho.

Lesson 04 イヤホンケースカバー

【材料・道具】
糸：ハマナカ ラブボニー
　　ベージュ（136）12g、こげ茶（137）少々
針：かぎ針 5/0 号
その他：ギボシ 8mm 1 個

【サイズ】
ゲージ：細編み（10cm平方）20 目 20 段
でき上がり：幅 7.5cm×深さ 5cm

【作り方】
❶ 鎖の作り目で、楕円形の底を編む。
❷ 3〜10 段は増減なく側面を編む。
❸ 10 段めに針を入れて糸をつけ、
　往復編みでフラップを編む。
❹ 色を変えて縁編みを編む。
❺ ギボシをつける。

【全体図】

How to 1
フラップの編み方
指定の位置に糸を付けて往復に編みます。
→ P.64

How to 2
縁編みの角の拾い方
本体の目と、フラップの段から拾います。
→ P.64

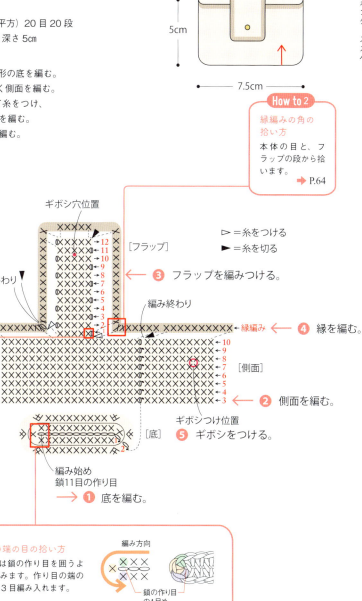

▷ ＝糸をつける
▶ ＝糸を切る

❸ フラップを編みつける。
❹ 縁を編む。
❷ 側面を編む。
❺ ギボシをつける。
❶ 底を編む。

Point
楕円の端の目の拾い方
1 段めは鎖の作り目を囲うように編みます。作り目の端の目には 3 目編み入れます。

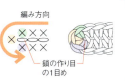

How to 1 フラップの編み方

※わかりやすいように糸の色を変えています。

1 本体の最終段の8目めに針を入れて、新しい糸を付け、立ち上がりの鎖を1目編む。同じ目に針を入れて細編みで1目めを編む。

2 続けて細編みを4目編み、1段めが編めたところ。

3 偶数段は裏を見ながら、奇数段は表を見ながら、往復に編み進める。

How to 2 縁編みの角の拾い方

1 フラップの手前まで前段の目を拾って編み、フラップの1段めに針を入れる。

2 糸をかけて引き出し、細編みを編む。

3 縁編みの角が編めたところ。

4 そのままフラップの段から目を拾い編み進める。

Other

本体から糸を切らずにフラップを編む方法

1 本体の最終段を編み終えたところ。

2 針を外し、輪に糸玉を通して引き締める。

3 引き締めたところ。

4 本体の最終段の8目めに針を入れて、糸をかけて引き出す。横に渡した糸は縁編みを編むときに編みくるむ。

5 立ち上がりの鎖を1目編む。同じ目に針を入れて細編みで1目めを編む。

6 続けて細編みを4目編み、1段めが編めたところ。奇数段は表を見ながら、偶数段は裏を見ながら、往復に編み進める。

糸を切らない方法もあるんだ！

Lesson 04　イヤホンケースカバー

H / ネットバッグ

ワッフル模様は引き上げ編みと長編み、
ネット部分は鎖と細編みを規則的に編んで作ります。

designed by kiho.

Net Bag

Lesson 04 ネットバッグ

【材料・道具】
糸：ハマナカ ポーム ベビーカラー
　　オレンジ（305）10g、グレー（307）45g、
　　ブルーグリーン（97）少々
針：かぎ針5/0号

【サイズ】
ゲージ：細編み（10cm平方）22目25段、模様編み（10cm平方）22目12段
でき上がり：幅19cm×深さ18cm

【作り方】
❶ 鎖の作り目で楕円型の底を編む。
❷ 側面を編む。
❸ 持ち手、リボンを編み、本体にとじつける。

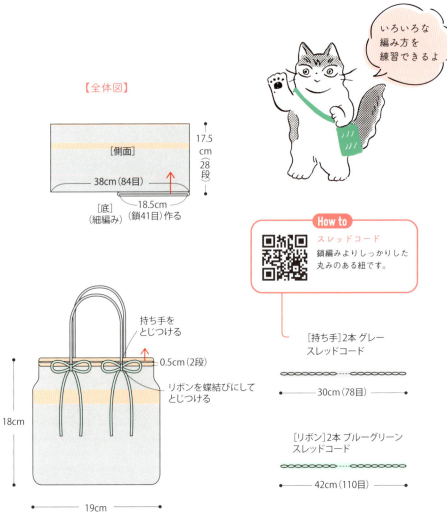

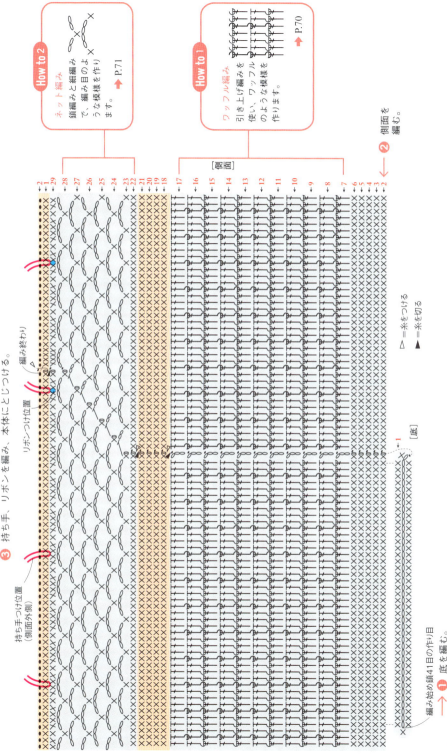

How to 1 ワッフル編み

1 立ち上がりの鎖を3目編む。針に糸をかけて、前段の目の足を向こうからすくう。

2 矢印のように糸をかけて引き出し、長編みを編む（長編みの裏引き上げ編み）。

3 長編みの裏引き上げ編みが1目編めたところ。次の目も同様に、前段の足を向こうからすくい長編みの裏引き上げ編みを編む。

4 長編みの裏引き上げ編みが2目編めたところ。

5 針に糸をかけて前段の目の足を手前からすくい、糸を引き出して、長編みを編む。

6 長編みの表引き上げ編みを編めたところ。同様に、裏引き上げ編み3目、表引き上げ編み1目をくり返し1段編む。

7 次の段は、裏引き上げ編みには長編みを編む。

8 表引き上げ編みの足を手前からすくい、長編みの表引き上げ編みを編む。

How to 2
ネット編み

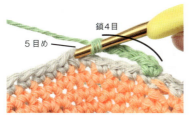

1 立ち上がりの鎖編みを1目編み、同じ目に細編みを編む。続けて鎖編みを4目編み、前段を4目とばして5目めに針を入れ、糸をかけて引き出す。

2 細編みを1目編む。同様に鎖編み4目と細編み1目をくり返す。

3 段の最後は、細編みを2目編む。

4 針に糸をかけて、1目めの細編みの頭に針を入れて、中長編みを編む。

5 中長編みが編めたところ。

6 次の段の立ち上がりの鎖編みを1目編み、細編みを束に編む。

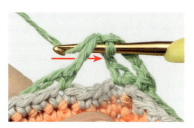

7 鎖編みを4目編み、前段の鎖を束に拾い、細編みを編む。

8 細編みが編めたところ。

I

One Shoulder Bag

ワンショルダーバッグ

パプコーン編みのポコポコした編み地がかわいいバッグ。
ハンドル部分は肩にもかけられる絶妙な長さで、
使い勝手がいいのもうれしい！

designed by natsuki

【材料・道具】
糸：ハマナカ ポーム ベビーカラー
　　黄色（301）190g
針：かぎ針7/0号

【サイズ】
ゲージ：模様編み（10cm平方）13目9段
でき上がり：幅28cm×深さ16cm

【作り方】
❶ 糸は2本どりで編む。底を往復編みで5段編み、周囲に側面1段めを細編みで編む。
❷ 側面を編む。
❸ 持ち手は左右それぞれ往復編みで編み始め、6段めから輪に編む。
❹ 最終段どうしをつき合わせて巻きかがる。

作品を編む前にパプコーン編みだけ練習してみよう！

Lesson 04 ワンショルダーバッグ

【全体図】

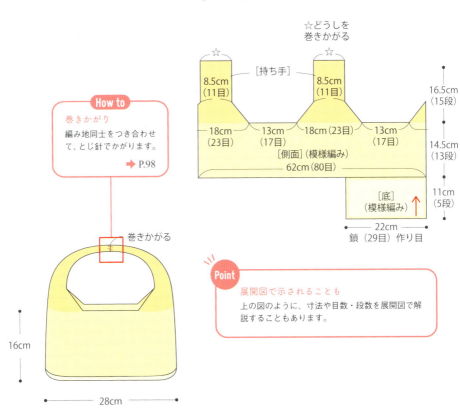

How to
巻きかがり
編み地同士をつき合わせて、とじ針でかがります。
→ P.98

Point
展開図で示されることも
上の図のように、寸法や目数・段数を展開図で解説することもあります。

73

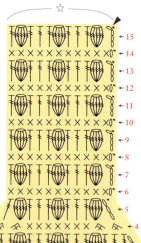

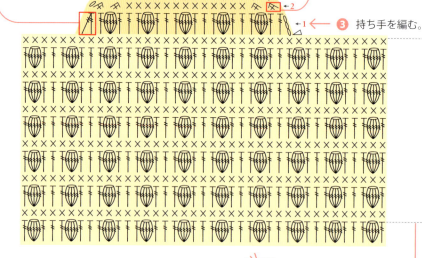
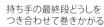
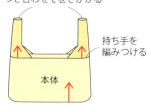

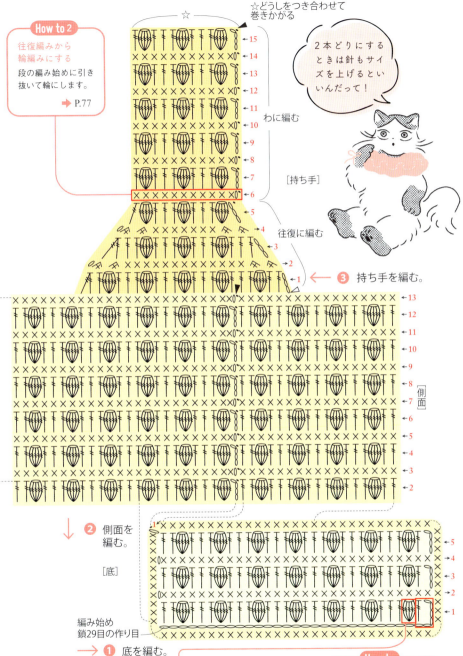

Lesson 04 ワンショルダーバッグ

How to 2 往復編みから輪編みにする
段の編み始めに引き抜いて輪にします。→ P.77

☆どうしをつき合わせて巻きかがる

2本どりにするときは針もサイズを上げるといいんだって！

[持ち手]

わに編む

往復に編む

❸ 持ち手を編む。

[側面]

❷ 側面を編む。

[底]

編み始め 鎖29目の作り目

❶ 底を編む。

How to 1 長々編み5目のパプコーン編み
前段の同じ目に5目編み入れるパプコーン編みです。
→ P.76

How to 長々編みの立ち上がり
鎖編み4目で立ち上がります。

How to 1 長々編み5目のパプコーン編み

1 パプコーン編みの手前の目まで編んだら、針に糸を2回かけ、前段の目に針を入れて長々編みを編む。

2 パプコーンの長々編みが1目編めたところ。同じ目に長々編みを、全部で5目編み入れる。

3 2と同じ目に、全部で長々編み5目編み入れたところ。

4 いったん針を糸から外す。長々編み1目めの頭に手前から針を入れ、針を外したループを針にかける。

5 1目めに引き抜く。

6 引き抜いたところ。

7 針先に糸をかけて引き出し、引き締める。

8 長々編み5目のパプコーン編みが編めたところ。

76

How to 2 往復編みから輪編みにする

1 持ち手は5段めまで往復編みで編む。

2 針に糸をかけたまま、編み地を外表で輪にし、5段めの1目めの頭に針を入れる。

3 針に糸をかけて、一度に引き抜く。

4 輪になったところ。6段めからは輪の状態で、編み地の表を見ながら一方向に編み進める。

5 持ち手の7段めまで編んだところ。

ポコポコのパプコーンがかわいい！

Lesson 04 ワンショルダーバッグ

バケツバッグ

ロングセラーのテープヤーン「エコアンダリヤ」は夏物にぴったりの糸。
引き上げ編みの変わり交差編みで編むことで、本格的なバスケットに。
designed by natsuki

J

Lesson 04 バケツバッグ

【材料・道具】
糸：ハマナカ エコアンダリヤ　茶（15）172g
針：かぎ針9/0号

【サイズ】
ゲージ：細編み（10cm平方）13.5目13段
でき上がり：底直径18cm×深さ19.5cm

【作り方】
❶ 糸は2本どりで、輪の作り目から細編みで底を編む。
❷ 側面を模様編みで編む。
❸ 持ち手を編み、本体の側面内側の指定位置にとじつける。

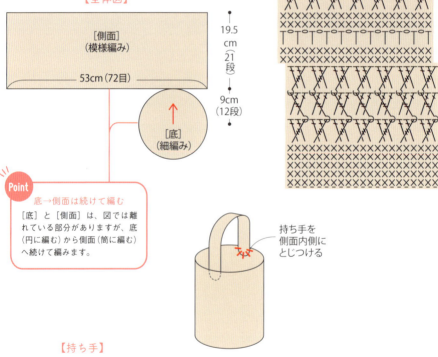

Point
底→側面は続けて編む
［底］と［側面］は、図では離れている部分がありますが、底（円に編む）から側面（筒に編む）へ続けて編みます。

【持ち手】
［持ち手］1段めは細編みで編み、2段めは1段めの細編みの頭に引き抜き編みを編む。

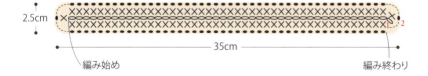

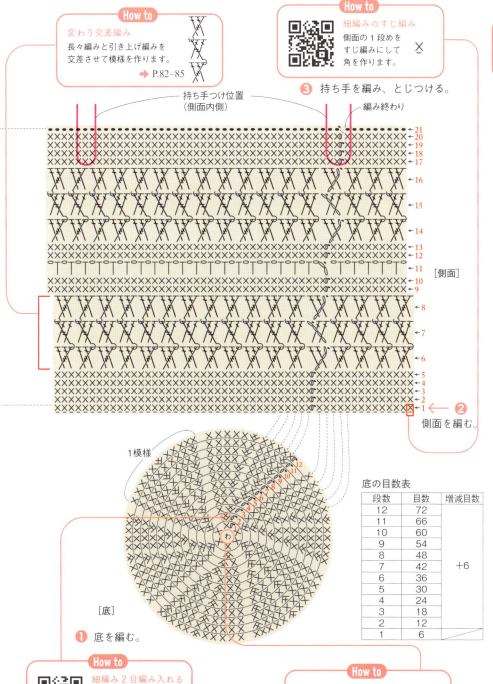

変わり交差編み（側面6段め）

XXX

※わかりやすいように、糸は1本どりにして編んでいます。

1 鎖4目の立ち上がりを編み、針に糸をかける。

2 前段の2目前の目に針を入れ、糸をかけて引き出す。

3 針に糸をかけて2ループを一度に引き抜く。

4 さらに針に糸をかけて2ループを一度に引き抜き、長編みが編めたところ。

5 針に糸をかけて、前段の次の目に針を入れ、糸をかけて引き出す。

6 針に糸をかけて2ループを一度に引き抜く。

7 もう一度針に糸をかけて2ループを一度に引き抜き、長編みが編めたところ。

8 針に糸を2回かけて、前段の3目先の目に針を入れて長々編みを編む。
※鎖の立ち上がり以外のところは、前段の3目先に針を入れる。

9 長々編みが編めたところ。針に糸をかけて、前段の2目前の目に針を入れて長編みを編む。

10 長編みを編めたところ。針に糸をかけて、8と9の間の目に針を入れて長編みを編む。

11 長編みが編めたところ。8〜10をくり返す。

引き上げ編みの変わり交差編み（側面7段め）

1 立ち上がりの鎖4目を編み、針に糸をかける。

2 前段の4目めの目に針を入れて、長編みを編む。

3 針に糸をかけて、前段の次の目に針を入れて、長編みを編む。

4 長編みを2目編んだところ。

5 針に糸を2回かける。

6 前段の2目前の目（長々編み）の足を手前からすくう。

7 針に糸をかけて引き抜く。

8 針に糸をかけて、2ループを一度に引き抜くことを3回くり返す。

※わかりやすいように、糸は1本どりにして編んでいます。

9 長々編みの表引き上げ編みが編めたところ。

10 針に糸をかけて、前段の2目めの目に針を入れて、長編みを編む。3〜9をくり返す。

11 7段めの最後から2目め。立ち上がりの鎖で拾った次の目に長編みを編む。

12 長編みが編めたところ。同様に、針に糸をかけて、前段の次の目に針を入れて長編みを編む。

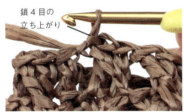

13 立ち上がりの鎖4目に引き抜き編みをし、7段めを編み終えたところ。

K / グラニースクエア

モチーフ編みの定番、グラニースクエア。輪の作り目から
四角い形を作る方法を編み図を読みながらマスターしましょう。

designed by 編集部

Granny Square

【材料・道具】
糸：ハマナカ アメリー チョコレートブラウン（9）、
　　コーラルピンク（27）、ピーチピンク（28）、
　　ピュアホワイト（51）各少々
針：かぎ針5/0号

【サイズ】
でき上がり：一辺9cm角

【作り方】
❶ 輪の作り目をし、鎖3目で立ち上がり1段めを編む。
❷ 1段ごとに糸の色を変えて、2〜5段を編む。

> **How to 4**
> 糸始末
> 複数の色の糸を使う作品では、糸端は同じ色の編み地に通すのが基本。
> ➡ P.89

❶ 輪の作り目をして1段めを編む。

❷ 2〜5段めは色を変えながら編む。

> **How to 2**
> 2段めの立ち上がり
> 糸を変えて、立ち上がりを編みます。
> ➡ P.88

> **How to 1**
> 輪の作り目からの立ち上がり
> 立ち上がりの鎖編み3目を長編み1目として扱います。
> ➡ P.88

> **How to 3**
> 角の編み方
> 同じ空間に、長編み3目を2回編み入れます。
> ➡ P.89

▷ ＝糸をつける
▶ ＝糸を切る

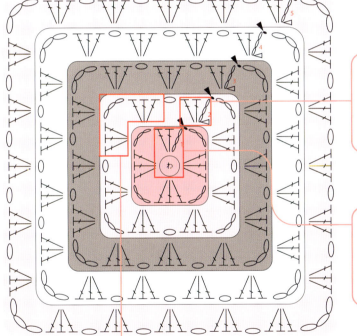

Lesson 04　グラニースクエア

87

How to 1 　輪の作り目からの立ち上がり

1 左手の指に糸端を2回巻いて輪を作る。輪の中に針を入れて、糸をかけて引き出し、鎖1目編んで引き締める。

2 立ち上がりの鎖を3目編み、針に糸をかけて、輪の中に針を入れて長編みを2目編む。

3 鎖編みを3目編む。

4 長編み3目、鎖編み3目を交互に3回編み、1段めの最後に立ち上がりの鎖3目めに引き抜いて、糸を切る。

How to 2 　2段めの立ち上がり

1 糸を変える。1段めの最後の鎖編みの下の空間に針を入れて、糸を引き出す。

2 針に糸をかけて引き出して糸をつける。

3 立ち上がりの鎖3目編んだら、針に糸をかけて1と同じ空間に針を入れ、長編みを編む。

4 同様に長編みをもう1目編んだら、鎖編みを1目編む。

How to 3 角の編み方

1 前段の角の鎖3目の下の空間に、長編みを3目編み入れる。

2 鎖編みを3目編む。

3 1と同じ空間に長編みを編む。

4 3と同じところにもう2目長編みを編み入れる。

How to 4 糸始末

1 編み終えたら編み地を裏に返し、糸端をとじ針に通し、同じ色の編み地に糸を通していく。

2 または、同じ色の糸が通っている場所に針を通す。

Lesson 04 グラニースクエア

立体モチーフ

立体的なお花のモチーフは、各段の目の拾い方がポイント。
動画&写真を見ながら、チャレンジしてみましょう。

designed by 奥住玲子

【材料・道具】
糸：ハマナカ アメリー　ピンク（7）2g、プラムレッド（32）2g、
　　　セージグリーン（54）1g、キャメル（8）1g、オレンジ（4）2g
針：かぎ針5/0号

【サイズ】
でき上がり：一辺9cm角

【作り方】
❶ 輪の作り目で編み始め、内側花弁を編む（1～3段）。
❷ 色を変え、外側の花弁を編む（4～5段）。
❸ 色を変え、立体モチーフの周りを編む（6～10段）。

【全体図】

Lesson 04　立体モチーフ

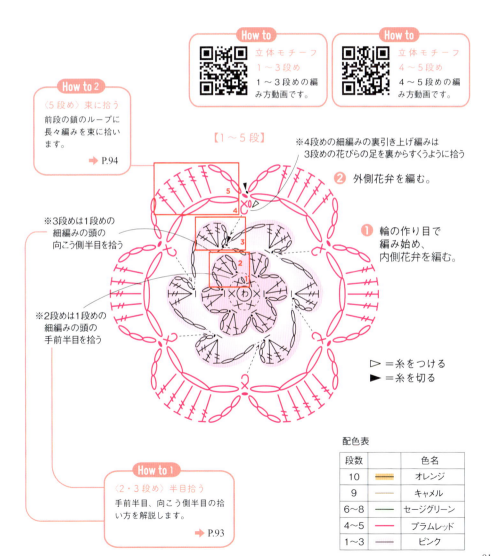

段数	色名
10	オレンジ
9	キャメル
6～8	セージグリーン
4～5	プラムレッド
1～3	ピンク

> **How to 5**
> 〈9段め〉ループ
> からの拾い方
> 前段のループを束
> に拾います。
> ➡ P.95

> **How to 3**
> 〈6段め〉細編みの
> 裏引き上げ編み
> 編み地の裏側を
> 見ながら足を
> 拾います。
> ➡ P.94

【6〜10段】

③ 立体モチーフの周りを編む。

※6段めの細編みの裏引き上げ編みは
4段めの裏引き上げ編みの足を拾う

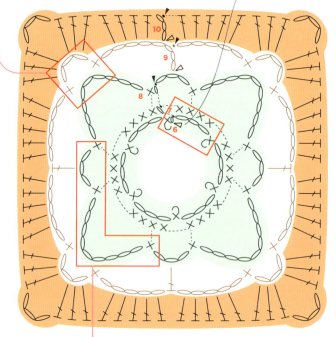

▷ ＝糸をつける
▶ ＝糸を切る

> **How to 4**
> 〈8段め〉
> ループの編み方
> 鎖編みで長さの違
> うループを編みま
> す。
> ➡ P.95

> **How to**
> 立体モチーフ
> 6〜10段め
> 6〜10段めの
> 編み方動画です。

How to 1 — 2・3段め 半目拾う

※わかりやすいように糸の色を変えています。

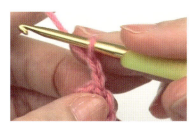

1 立ち上がりの鎖2目編む。

2 針に糸をかけて、1段めの細編みの手前半目を拾う。

3 長編みを編む。同様に、1段めの細編みの手前半目を拾って編み進める。

4 5枚目の花びらの最後の引き抜き編みは、1段めの細編みの手前半目を拾う。

5 2段めの最後の引き抜き編みは、編み地の裏側を見て、1段めの1目めの向こう側半目に引き抜く。

6 2段めの立ち上がりの鎖3目編み、5と同じ目(1段めの1目めの向こう側半目)に長々編みを編む。

7 長々編みを3目編み入れたら、鎖3目編み、1段めの2目めの向こう側半目に引き抜き編みを編む。

Lesson 04 立体モチーフ

93

How to 2 — 5段め 束に拾う

1 立ち上がりの鎖3目を編み、針に糸を2回かけて、4段目の鎖3目の下の空間に針を入れて長々編みを編む。

2 長々編みが1目編めたところ。同様に長々編みをあと4目編み入れ、鎖3目を次の細編みに引き抜いて、花びら1枚が完成。

3 5段めを編み終え、花部分が完成したところ。

How to 3 — 6段め 細編みの裏引き上げ編み

1 4・5段目の編み地を手前に倒し、4段目の細編みの足に針を入れる。写真は6段め最後の裏引き上げ編み。

2 1を表から見たところ。針に糸をかけて引き出し、細編みを編む。

3 細編みの裏引き上げ編みが編めたところ。

4 6段めが編めたところ。

Lesson 04 立体モチーフ

How to 4 8段め ループの編み方

1. 7段めの細編みを編み終えたところ。

2. 細編みを1目編み、鎖9目編んで、7段目の4目先の目に細編みを編む。

3. 鎖3目編んで、2目先の目に細編みを編む。2・3をくり返して1周編む。

4. 最初の細編みに引き抜き編みをして、8段めを編み終えたところ。

How to 5 9段め ループからの拾い方

1. 鎖3目のループの拾い方。針に糸をかけて、鎖3目の下の空間に針を入れ、長編みを編む。

2. 鎖9目のループの拾い方。鎖9目の下の空間に針を入れ、細編みを編む。

3. 鎖3目編み、もう一度、鎖9目の下の空間に針を入れて細編みを編む。

4. 9段めを編んだところ。

モチーフをつないで ウエアやバッグに！

気軽に１枚ずつ編めるグラニースクエアなどのモチーフ。たくさん編んでつなげば、ウエアなどの大きなものも、帽子など立体的なアイテムも作ることができます。

モチーフつなぎでこんな作品が作れる！

バケットハット
ビスチェ
ブランケット
トートバッグ
巾着
エコバッグ
クッションカバー

モチーフつなぎのバリエーション

モチーフのつなぎ方にはいろいろな方法があります。
よく使われる3つのつなぎ方について、特徴を解説します！

全目の巻きかがり

とじ針を使い、2枚のモチーフの最終段の全目どうしを拾ってつなぎます。つなぎ目は斜めのステッチが出ます。

How to ➡ P.98

半目の巻きかがり

とじ針を使い、2枚のモチーフの最終段の外側の半目どうしを拾ってつなぎます。残った半目の内側に斜めのステッチが出ます。

How to ➡ P.99

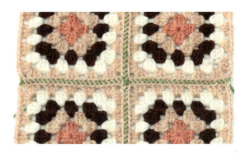

細編み

2枚のモチーフを外表に合わせて、そのまま2枚の最終段の目に針を入れて細編みをしてつないでいきます。立体的なすじができます。

How to ➡ P.99

全目の巻きかがり

1 糸端をとじ針に通し、1枚目、2枚目のモチーフそれぞれの角の目全目(頭2本)を針で拾い、引き締める。

2 次の目もそれぞれ全目を拾い、引き締める。

3 同様にそれぞれの全目を拾いながらつないでいく。

4 1枚目と2枚目の角の目を拾い、つながったところ。

5 糸をつないだまま、3枚目、4枚目の角の目に針を通す。

6 端までつないだところ。

7 縦方向も、同様につなぐ。

半目の巻きかがり

1 糸端をとじ針に通し、1枚目、2枚目のモチーフそれぞれの外側半目（頭1本）を針で拾いながらつなぐ。4枚を横方向につないだところ。

2 同様に、縦方向にもつなぐ。

細編み（4枚をつなぐ部分）

1 モチーフの1枚目と2枚目を端までつないだら、3枚目と4枚目の角の目に針を入れ、糸をかけて引き出す。

2 針に糸をかけて、2ループを一度に引き抜く。

3 1・2枚目と3・4枚目がつながったところ。

Lesson 04　モチーフをつないでウエアやバッグに

あみぐるみ

目の増減で立体的に仕上げたあみぐるみ。
マズルと手足は玉編みを編み込み、
耳だけ別で編んでとじつける、糸始末の少ないあみぐるみです。

designed by 編集部

Amigurumi

【材料・道具】
糸：ハマナカ ラブボニー ベージュ（136）12g、
　　ハマナカ アメリー セラドン（37）少々
針：かぎ針5/0号
その他：中綿少々

【サイズ】
ゲージ：細編み（10cm平方）20目22段
でき上がり：高さ6.5cm

【作り方】
❶ 輪の作り目から、細編みで本体を編み始め、手足やしっぽを編み入れながら、本体を編む。
❷ 中綿を入れてとじる。
❸ 耳を編み、とじつける。
❹ 目、鼻を刺繍する。

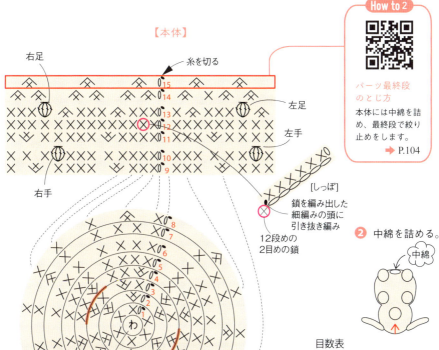

目数表

段数	目数	増減目数
15	5	−5
14	10	−9
13	19	−4
12	23	増減なし
11	23	+3
10	20	増減なし
9	20	+3
8	17	−4
7	21	−3
5・6	24	増減なし
4	24	+6
3	18	+6
2	12	
1	6	

[耳]2枚

糸を切る

❸ 耳を編んでとじつける。

How to
耳のつけ方
耳を2枚編み、本体にとじつけます
→ P.105

顔の仕上げ方

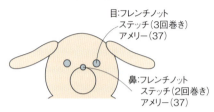

目:フレンチノットステッチ(3回巻き)
アメリー(37)

鼻:フレンチノットステッチ(2回巻き)
アメリー(37)

❹ 目・鼻を刺繍する。

Point

フレンチノットステッチ

とじ針に指定の糸を通し、イラストのように目と鼻を刺繍します。

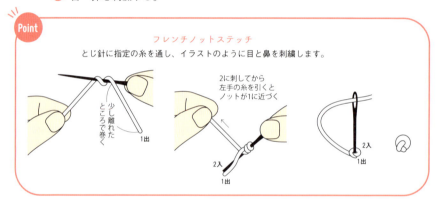

少し離れたところで巻く
1出

2に刺してから左手の糸を引くとノットが1に近づく
2入
1出

2入
1出

増し目するとふくらむ

減目するとすぼむ

目の増減ですぼんだりふくらんだりするよ

How to 1 — 長編み5目の玉編み

Lesson 04 あみぐるみ

※わかりやすいように糸の色を変えています。

1 針に糸をかけて、前段の目に針を入れ、糸をかけて引き出す。

2 針に糸をかけて2ループを一度に引き抜き、未完成の長編みが1目編めたところ。

3 前段の同じ目に全部で5目未完成の長編みを編む。

4 針に糸をかけて、6ループを一度に引き抜く。

5 長編み5目の玉編みが編めたところ。

6 次の目に細編みを編む。

How to 2 パーツ最終段のとじ方

※糸の色、本体の目数は作品と異なりますが、とじ方の参考にしてください。

1 中綿を詰めたら、糸を20cmほど残して切り、とじ針に通す。最後の段の1目めに、内から外に向けて針を入れて糸を引く。

2 最後の段を順番に1目ずつ拾う。

3 糸を引き絞る。

4 最後にかがった糸を、針で拾う。

5 4でできたループに針を入れる。

6 ぎゅっと糸を引き絞る。

7 中心から本体の中に向けて針を差し入れる。

8 本体の脇から針を出して抜き、外に出た糸を切る。

How to 3 耳のつけ方

Lesson 04 あみぐるみ

※わかりやすいように糸の色を変えています。

1 耳を編み終えたら糸を20cmほど残して切り、とじ針に通す。本体の耳つけ位置に針を入れる。

2 耳の端の目を拾い、糸を引く。

3 同様に、本体と耳の糸を交互に拾いながらつなぐ。

4 端までつないだところ。

5 耳の付け根部分の本体の糸を拾う。

6 5でできたループに針を通し、引き締める。

7 本体に針を差し入れて、離れたところに出す。

8 針を抜き、外に出た糸を切る。

かぎ針編みのギモン

「こんなとき どうしよう？」

「かぎ針編み ビギナーの ギモンに 答えるよ！」

Q サイズを変えたいときは どうすればいいの？

糸と針を変えて編んでみよう

仕上がりのサイズを見本とは変えたいとき、目数や段数を変えて調整するのはハードルが高め。同じ目数・段数でも、糸の太さが変わると仕上がりのサイズは変わるので、違う太さの糸で編んでみましょう。見本よりも大きく編みたいときは指定糸より太い糸で、小さく編みたいときは細い糸で編みます。かぎ針は、使用する糸の適合針を選んでください。また、同じ糸を2本どりで編むとサイズが大きくなります。その場合、針のサイズは、糸1本の適合針を倍にした数字より1～2号細い針で試し編みをしてみましょう。➡ P.107

P.86のグラニースクエアを ゲージの違う糸で編むと……

糸：ハマナカ アメリー
針：5/0号
標準ゲージ：
長編み 10cm四方 20～21目・9～9.5段

糸：ハマナカ ラブボニー
針：5/0号
標準ゲージ：
長編み 10cm四方
16目・7段

左のハマナカ アメリーより、右のハマナカ ボニーのほうが糸が太いため、同じ編み図でも大きく仕上がる

2本どりできれいに編むコツを教えて！

適した針を選んで、2本の糸は揃えてたっぷり出しておこう

かぎ針で糸を2本どりで編む場合、2本の糸の適合針の号数を足した数字から1〜2号細い針から試すのがおすすめです。例えば、適合針が5/0号の糸を2本どりで編むときは、8/0号で試し編みしましょう。編んでみて、手首に負担を感じる、目を拾いにくいなど「編みにくさ」を感じたら、針のサイズを1号太くする、または細くするなど調整してみましょう。

また、編むときに注意したいのは、糸玉からの糸の出し方です。2本の糸のテンションがバラバラだと、編み地も安定しません。2本を揃えてたっぷり出しておきましょう。

そして試し編みをしたら、編み地がイメージ通りに仕上がっているか確認を。異なる糸2本で編んだときの色の出方はもちろん、風合いもチェックしましょう。ふんわり柔らかくする、バッグだから伸びないようにしっかりめになど、用途に合った編み地にできるのも、2本どりのおもしろいところです。

同じ糸玉で2本どりにする場合

糸玉の内側と外側からそれぞれ糸端を取り、長さを揃えて出す

2つの糸玉で2本どりにする場合

どちらも糸玉の中心から糸端を引き出し、片方だけつれることのないように長さを揃えて出す

編み地の表と裏の見分け方は？

編み始めの糸端が目安になるよ

一般的には、鎖編みの作り目から平編み（往復編み）をした場合、編み始めの糸端が左下にくる面が、編み地の表です。また、1段めは表を見ながら編むので、編み目の表側が見えます。円や楕円、筒に編むときは、常に表を見ながら編むので、自分から見えている面（編み目の表側が見えるほう）が編み地の表です。
※模様によっては1段めが裏になることもあります。

細編みの平編み（往復編み）の場合

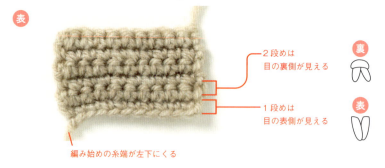

長編みの平編み（往復編み）の場合

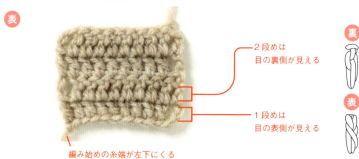

編み図のどこを編んでいるか わからなくなっちゃう！

編み地にはピンや糸、編み図には 付箋を使うのがおすすめ！

目数や段数が多い作品などは、「今何段めを編んでいるんだっけ？」とわからなくなりがち。迷子にならない2つの方法を紹介します。

ふせんなどで編み図を隠す

ニットピンで編み地に印をつける

ふせんや定規などで、編み図の「編んでいる段より上の段」を隠してしまいましょう。編んでいる場所を目で追いやすくなります。また、「編み図で見えている部分＝編み上がった編み地」となるので、今の状態を認識でき、迷いにくくなります。

アンダーラインをひくような感じで、「編んでいる段の下」にふせんなどを貼ります。

段数の多い作品では、段数カウンターやアプリを使って、段数を記録しながら編みましょう。さらに、10段ごとに編み地にマークを付けること。マークは、軽くてかさばらず外れにくいニットピンがおすすめです。編み地とは色の違う糸を短く切って、結びつけるのもいいでしょう。マークを付けておけば、途中で段がわからなくなったときも数え直しやすいです。

この編み方が わからない……

迷いやすい編み図、一つひとつ解説するよ！

上の段は、どこに2目編み入れる？

長編み2目編み入れる記号の上の段に、長編み2目編み入れる「束に拾う」の記号があるときは、上の段の長編みを編むときに、下の段の2目の間に針を入れて、長編みを2目を編みます。

点線の部分はどう編むの？

記号と記号の間の点線は、「編み目」を表す記号ではありません。つないだ記号と記号の編み目がつながっていることを表しています。実際は隣り合う目が編み図では離れてしまうとき、つながっていることを伝えるためのものです。この編み図の場合、1段めは細編み2目一度を4回続けて編む、2段めは細編み2目一度を2回続けて編む、ということを表しています。

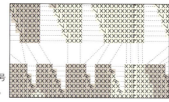 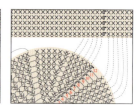

→右の図内の点線も同様に記号のつながりを示しています。

110

最後の引き抜き編み、どの目を拾えばいい？

花びらのような形が作れる編み方でモチーフ編みによく出てきます。最後の目を引き抜く位置は下のいずれかが考えられます。引き抜き編みの記号がついている位置をよく確認してみてください。

最後の長編みと同じところに引き抜く
例 ➡ P.18

前の目と同じ目

最後の長編みの次の目に引き抜く
例 ➡ P.91

次の目

立ち上がりの次の長編み、どこに編む？

細編み以外の立ち上がりは、1目として扱います。そのため、立ち上がりの次の長編みは、前の段の2目めに編み入れます。1目めに編み入れると目数が増えてしまいます。

途中に出てくる鎖、どうする？

細編みなどの途中で鎖編みを編むと、編み地にスリット（穴）をつくることができます。バッグのハンドルやボタンホールなどに使われることが多い技法です。

鎖9目
❶鎖を編み、鎖の目数分目を飛ばして、細編みを編む。

向こう側半目
❷次の段は鎖の向こう側半目を拾う。

❸スリットが編めたところ。

使えるかわいい模様編み、教えて！

編み図を見てチャレンジしてみて！

いろいろな編み方を組み合わせてアレンジしてみましょう。

 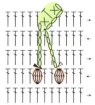  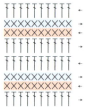

サクランボ

長編みの編み地の中に、実の部分だけ玉編みで編み込んでおき、茎と葉はあとから編み付けます。
糸：ハマナカ　アメリー　レッド（5）、
　　グリーン（13）、ホワイト（51）

ボーダー

細編みを1段ずつ色を変えて編み込みます
糸：ハマナカ　アメリー　レッド（5）、
　　ペールブルー（10）、ディープブルー（47）

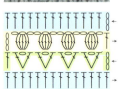

チューリップ

花の部分は、ポップコーン編みでふっくらさせます。
糸：ハマナカ　アメリー　チャイナブルー（29）、
　　コーンイエロー（31）、セージグリーン（54）

スカラップ

長編み6目をひとつの目に編み入れて、
扇形の模様に。
糸：ハマナカ　アメリー　チャイナブルー（29）、
　　ホワイト（51）

編んだものは売ってもいいの？

本や動画を見て編んだものは、勝手に販売しないで

YouTube や本で紹介されている編み物作品には、著作権があります。デザインやレシピは、作者が考えたものです。たとえ自分で編んだとしても、作者の許可なく販売することはできません。

※「商用利用OK」と記載されているなど、作者が編んだ作品の販売を許可している場合もあります。

では、こういう場合はどうでしょう。

「SNSで公開されているものはOK？」

→ ✗ 無料コンテンツにも著作権はあります。

「利益の出ないバザーならOK？」

→ ✗ 非営利目的だからといって売っていいわけではありません。無断で販売することはNGです。

「ちょっとアレンジしたらOK？」

→ ✗ 例えば目数を少し変えたとしても、オリジナルのデザインとあまり異ならない場合は、販売は控えましょう。

また、本に載っている編み図そのものをSNSなどに投稿することもNG。編んだ作品の写真を載せるときなど、編み図が写り込まないように注意しましょう。

作品を生み出した作者へのリスペクトを忘れずに！

Lesson 04 かぎ針編みのギモン

作家さんの編みライフ

kiho.

かぎ針編み歴約1年の駆け出しニッター。
Instagramで初心者でも編める"簡単カワイイ"を意識した作品を投稿。

Profile → P10
Design フリルハンカチ → P40　ピコットハンカチ → P44　巾着 → P48　シュシュ → P52
バケットハット → P58　イヤホンケースカバー → P62　ネットバッグ → P66

かぎ針編みを始めたのはいつ？

20代半ばです。以前から、かぎ針編みをやりたいな〜と思ってはいたのですが、なかなか時間が作れず諦めていました。妊娠をきっかけに自分の時間が作れるようになったので、始めることができました！最初に編んだのは、グラニースクエアです。

編み方はどうやって覚えたの？

初めてかぎ針を持った日は、友人に手取り足取り教えてもらいました。それ以降は、ひたすらYouTubeを見ながら編みまくって覚えました。

どんな環境で編んでる？

家族が寝静まった夜に、好きな映画を流しながら編んでいます。1人で編むのは寂しいので（笑）

インスタのリール動画、撮影のコツは？

テンポのいい動画を効率よく作りたいので、ざっくりと頭の中でセリフとカットをイメージしながら撮っています。

インスタで反響が大きかった
ワインバッグとシュシュ

本書の作品をデザインしたkiho.さん、natsukiさんに、
作品づくりの裏側を教えていただきました。

Special 作家さんの編みライフ

デザインを考えるときに意識していることは？

自分が身につけたいか、そうでないかを意識しています。私の作品を作っていただく方にも、色はお好みで変えていただいて、ファッションの一部として楽しんでほしいです！

この本に掲載している作品のデザイン画

好きな編み物クリエイターさんやよく見るサイトは？

natsukiさんのYouTubeが好きです！よく見るSNSは、海外の編み物クリエイターさんの編み物リール動画です。自分が編める編めない関係なしに、いろいろなかぎ針の技を紹介してくれているので、とっても勉強になります。

編み物のどこが好き？

（今の私にはまだ難しいですが）「こんなの欲しかった～」を自分で編んで叶えられるところですね。既製品は「このバッグすごくかわいいけど、持ち手は短い方が好みだな～」なんてことがよくあるので、自分で自分好みのものを編めるってすごく夢がある!!夢しかない!!と思うんです。

好きな糸、好きな編み方は？

「ハマナカ ジャンボニー」のような太い毛糸で、ザクザク編むのが好きです。

これからチャレンジしたいことは？

かぎ針編み講師の資格を取得して、必要としてくれる方へのレッスンや作品販売をしたいです！InstagramやYouTubeにも一層力を入れていきたいと思っています。言い出したらキリがないのでとりあえずここまでで（笑）

115

作家さんの編みライフ

natsuki

フリーで縫製の仕事をしながら、YouTubeやSNSでシンプルでかわいい編み物作品を発信している。

Profile	→ P10
Design	ワンショルダーバッグ → P72　バケツバッグ → P78

かぎ針編みを始めたのはいつ？

小学生の頃です。犬が好きで、いつか犬が飼えたら服を着せたくて、編み物を始めました！　最初に編んだのも犬の服です。立体的に編むのは難しかったので、平面の編み地をつなぎ合わせただけのものでした。編み方は、基礎本を見ながら覚えました。

どんな環境で編んでる？

自分の部屋で、音楽を聴いたり、ドラマやYouTubeを見たりしながら編んでいます。

反響が大きかった作品は？

YouTubeを始めて2つめに制作した動画のミニショルダーバッグです。サイズが小さめで編み方もシンプルなので、編み物初心者の方が最初の作品としてよく編んでくださっています。

インスタの作品写真、かわいく撮影するコツは？

作品よりも小物が目立ってしまわないように、小物の色合いや配置には気をつけています。日常の自然な写真になるように意識しながら、配置を変えて数パターン撮影し、バランスのよい写真を選んでいます！

麦わら帽子

ミニショルダーバッグ

プリーツバッグ

Special 作家さんの編みライフ

お気に入りの作品を教えて！

「かぎ針で編むショルダーバッグ　スクエアパターン」の編み方動画の作品です。シンプルな模様だけどかわいくて涼しげなバッグに仕上がりました。

デザインを考えるときに意識していることは？

私自身シンプルなデザインが好きなのもあるのですが、編み物初心者の方でも編んでみたいと思えるような、シンプルでかわいいデザインを心がけています。

この本に掲載している作品のデザイン画

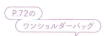
P.72の
ワンショルダーバッグ

P.78の
バケツバッグ

お気に入りのショルダーバッグ

編み物のどこが好き？

私にとって、編み物をする時間が一番の癒し。編み終わったときの達成感も好きです！

好きな糸、好きな編み方は？

コットンの肌触りのよい毛糸が好きで、よく使用しています。好きな編み方は長編みと鎖編みで、組み合わせていろいろな模様を出すのが好きです。

好きなクリエイターさん、よく見るSNSやサイトは？

韓国のbanul storyという毛糸屋さんのYouTube「바늘이야기 김대리 DAERI KIM」です。

これからチャレンジしたいことは？

今までは主に編み物の作り方動画をYouTubeで発信してきましたが、これからは、視聴者さんにもっと編み物の楽しさを知っていただけるような様々な内容のコンテンツも発信していけたらいいなと思っています！

117

いろいろな糸で編んでみよう

かぎ針で編める糸は多種多様！　編み心地も、向いている作品も
それぞれなので、どんどんチャレンジして楽しみましょう！

ハマナカの編み糸

手編み用の糸の企画・製造・卸を手掛ける老舗毛糸メーカー「ハマナカ株式会社」。
数ある商品の中から、かぎ針編みにおすすめの様々なタイプの糸16点を編集部が
ピックアップしました！　糸の見本は、実際の糸の太さに合わせています。ぜひ、
糸選びの参考にしてください。

※糸は実寸大です。
※［　］内は、［素材の混率／重量と糸長／適合針とゲージ／色数］を表しています。
※糸の情報は2024年12月現在のものです。

ハマナカ エクシードウール L 《並太》

汎用性の高いウール100%の並太タイプ
［ウール100%（エクストラファインメリノ使用）／40g玉巻（約80m）／かぎ針5/0号（長編み）17目9段／25色］

ハマナカ ソノモノ アルパカウール 《並太》

アルパカを生かしたナチュラルな色が特徴
［ウール60%、アルパカ40%／40g玉巻（約92m）／かぎ針6/0号（長編み）19目8.5段／7色］

ハマナカ アメリー

肌触りがよく、ふくらみがあり軽い仕上がり
［ウール（ニュージーランドメリノ）70%、アクリル30%／40g玉巻（約110m）／かぎ針5/0～6/0号（長編み）20～21目9～9.5段／52色］

ハマナカ アメリー エフ 《合太》

適度に目が詰まり、編み込み模様がきれいに
［ウール（ニュージーランドメリノ）70%、アクリル30%／30g玉巻（約130m）／かぎ針4/0号（長編み）25目11.5段／30色］

\\\\ POINT LESSON //

引き揃え編みでもっと可能性が広がる！

引き揃え編みは、種類の異なる複数の糸を一緒に編むこと。違う糸を組み合わせることで、さまざまな色合いや風合いに仕上がります。

組み合わせる糸によって風合いが変わる

ストレートヤーン
 ×

ストレートヤーン

ストレートヤーン
 ×

モヘアヤーン

ハマナカ ソノモノ アルパカブークレ

ループ状の極太糸。ボア生地のような編地に
［ウール80％、アルパカ20％／40g 玉巻（約76m）／かぎ針7/0号（長編み）16目7段／5色］

ハマナカ ソノモノ ヘアリー

アルパカウールを起毛させた軽くて温かい糸
［アルパカ75％、ウール25％／25g 玉巻（約125m）／かぎ針6/0号（長編み）19目9段／6色］

ハマナカ モヘア

洗濯機で丸洗いOK！
［アクリル65％、モヘヤ35％／25g玉巻（約100m）／かぎ針4/0号（長編み）19目10段／29色］

ハマナカ ラブボニー

エコタワシやあみぐるみにぴったり
［アクリル100％／40g玉巻（約70m）／かぎ針5/0号（長編み）16目7段／31色］

Special　いろいろな糸で編んでみよう

ハマナカ トプシー

グラデーションの色味が魅力
[ポリエステル54％、アクリル32％、ナイロン10％、ウール4％／30g玉巻（約115m）／かぎ針5/0号（長編み）22目10段／8色]

ハマナカ ポーム ベビーカラー

肌にやさしいオーガニックコットン100％
[綿100％（ピュアオーガニックコットン）／25g玉巻（約70m）／かぎ針5/0号（長編み）20目9段／13色]

ハマナカ 世界のコットン アメリカループ

細かいループでパイル地のような編み地に
[綿（スーピマ綿）70％、ナイロン30％／25g玉巻（約86m）／かぎ針5/0号（長編み）20目9段／3色]

ハマナカ ウオッシュコットン《クロッシェ》

さわやかな風合いのかぎ針専用糸
[綿64％、ポリエステル36％／25g玉巻（約104m）／かぎ針3/0号（長編み）28目12段／31色]

ハマナカ ブリリアン

光沢感のあるリリヤーン
[綿（超長綿）57％、ナイロン43％／40g玉巻（約140m）／かぎ針4/0-5/0号（長編み）24〜26目10.5〜11段／18色]

ハマナカ エコアンダリヤ

春夏の小物に最適なテープヤーン
[レーヨン100％／40g玉巻（約80m）／かぎ針5/0-7/0号（長編み）17目6段／38色]

ハマナカ コトーネツイード

コットンを使用したツイード風の並太タイプ
[ポリエステル90％、ナイロン10％／15g玉巻（約65m）／かぎ針4/0号（長編み）24目11段／34色]

ハマナカ itoa あみぐるみが編みたくなる糸

肌触りよいモールヤーンであみぐるみを
[綿90％、ナイロン10％／30g玉巻（約94m）／かぎ針4/0号（長編み）23目9.5段／12色]

編み糸以外のものでも編める！

かぎ針で編めるのは、手編み用の糸だけではありません。ひも状のラッピング材料やクラフトパーツなども、かぎ針で編んでみるとユニークな編み地が生まれます。100円ショップや手芸店のパーツコーナーも、チェックしてみると編み物に使える材料に出合えるかも。

いろんなものを試してみたいな

サテンリボン
光沢感が魅力のサテンリボンは、太さやカラーの種類が豊富。シュシュやバッグにおすすめ。

オーガンジーリボン
透け感と光沢のある素材で、編み地は独特の風合いに。シュシュやアクセサリーなどに。

スエードテープ
5mm幅程度の細いものがやわらかく編みやすい。アクセサリーなどに。

ビニール紐（PPテープ）
幅広いタイプよりも撚りがあるタイプの方が編みやすく、ふくらみのある編み地になります。

紙紐
硬さがあるためやや編みづらさはあります。形がしっかりするので、小さなカゴなどに。

たこ糸
工作や料理に使われるコットン製の糸。撚りがしっかりしていて、丈夫で編みやすいです。

Special　いろいろな糸で編んでみよう

主な編み目記号と編み方

 鎖編み
かぎ針に糸を巻きつけ、糸をかけ引き抜く。

鎖1目

 細編み
前段の目（1段めの場合は作り目の裏山）に針を入れ、糸をかけて引き出す。さらに針に糸をかけて2ループを一度に引き抜く。

 中長編み
針に糸をかける。前段の目（1段めの場合は作り目の裏山）に針を入れて、糸をかけて引き出す。さらに糸をかけて3ループを一度に引き抜く。

 長編み
針に糸をかける。前段の目（1段めの場合は作り目の裏山）に針を入れて、糸をかけて引き出す。さらに糸をかけて2ループを引き抜くことを2回繰り返す。

※ QRコードがあるものは、本書専用解説動画、
もしくはハマナカ公式YouTubeチャンネル［amuusejp］の編み方動画を視聴できます。

 ### 長々編み
針に糸を2回かける。前段の目（1段めの場合は作り目の裏山）に針を入れて、糸をかけて引き出す。さらに糸をかけて2ループを引き抜くことを3回繰り返す。

 ### 引き抜き編み
前段の目に針を入れ、糸をかけて一度に引き抜く。

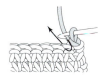 

 ### 細編み2目編み入れる
前段の目に針を入れて細編みを1目編み、同じ目にもう一度針を入れて細編みを編む。

 ### 細編み2目一度
前段の目に針を入れ、糸をかけて引き出す。次の目にも針を入れ、糸をかけて引き出す。さらに針に糸をかけて3ループを一度に引き抜く。

主な編み目記号と編み方

中長編み2目編み入れる

針に糸をかけ、前段の目に針を入れて中長編みを1目編む。針に糸をかけ、同じ目にもう一度針を入れて中長編みを編む。

中長編み2目一度

針に糸をかけ、前段の目に針を入れ、糸をかけて引き出す。さらに針に糸をかけ、次の目にも針を入れて糸をかけて引き出す。さらに針に糸をかけ5ループを一度に引き抜く。

長編み2目編み入れる

針に糸をかけ、前段の目に針を入れて長編みを1目編む。針に糸をかけ、同じ目にもう一度針を入れて長編みを編む。

長編み2目編み入れる（束に拾う）

針に糸をかけ、前段の目と目の間に針を入れて長編みを1目編む。針に糸をかけ、同じ空間にもう一度針を入れて長編みを編む。

※ QRコードがあるものは、本書専用解説動画、
もしくはハマナカ公式 YouTube チャンネル［amuusejp］の編み方動画を視聴できます。

長編み2目一度

針に糸をかけ、前段の目に針を入れ、糸をかけて引き出す。さらに針に糸をかけ2ループ引き抜く（未完成の長編み）。針に糸をかけ、次の目にも未完成の長編みを編む。さらに針に糸をかけて3ループを一度に引き抜く。

長々編み2目編み入れる

針に糸を2回かけ、前段の目に針を入れて長々編みを1目編む。針に糸を2回かけ、同じ目にもう一度針を入れて長々編みを編む。

長々編み2目一度

針に糸を2回かけ、前段の目に針を入れ、糸をかけて引き出す。さらに針に糸をかけ2ループ引き抜くことを2回繰り返す（未完成の長々編み）。針に糸を2回かけ、次の目にも未完成の長編みを編む。さらに針に糸をかけて3ループを一度に引き抜く。

細編みのすじ編み

前段の目の向こう側半目をすくい、細編みを編む。

主な編み目記号と編み方

 ### 細編みの表引き上げ編み
前段の目の足を手前側からすくい、細編みを編む。

 ### 細編みの裏引き上げ編み
前段の目の足を向こう側からすくい、細編みを編む。

 ### 長編みの表引き上げ編み
針に糸をかけ、前段の目の足を手前側からすくい、長編みを編む。

 ### 長編みの裏引き上げ編み
針に糸をかけ、前段の目の足を向こう側からすくい、長編みを編む。

※ QR コードがあるものは、本書専用解説動画、
もしくはハマナカ公式 YouTube チャンネル［amuusejp］の編み方動画を視聴できます。

 長々編みの表引き上げ編み
針に糸を 2 回かけ、前段の目の足を手前側からすくい、長々編みを編む。

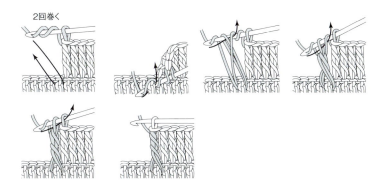

 長々編みの裏引き上げ編み
針に糸を 2 回かけ、前段の目の足を向こう側からすくい、長々編みを編む。

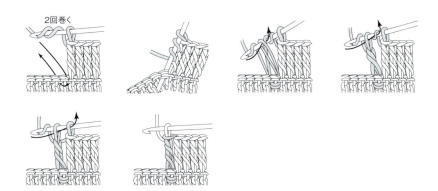

127

Staff

カバーデザイン	内海 由
本文デザイン	内海 由　岡本佳子［Kahito Commune］（P.40 〜 100 口絵、P.114 〜 117）
キャラクターイラスト	樋口モエ
撮影	天野憲仁（日本文芸社）
原稿整理	ミドリノクマ
トレース	小池百合穂　ミドリノクマ
DTP	ニシ工芸株式会社
編集	大島佳子

素材提供
ハマナカ株式会社
京都府京都市右京区花園薮ノ下町2番地の3
TEL 075-463-5151（代表）
http://hamanaka.co.jp

かぎ針編みの編み図が読めるようになる本

2025年2月1日　第1刷発行
2025年4月20日　第5刷発行

著　者／kiho. natsuki
監修者／奥住玲子

発行者／竹村 響

発行所／株式会社日本文芸社
〒100-0003　東京都千代田区一ツ橋1-1-1 パレスサイドビル8F

印刷所／株式会社文化カラー印刷
製本所／大口製本印刷株式会社

乱丁・落丁本などの不良品、内容に関するお問い合わせは、小社ウェブサイトお問い合わせフォーム
までお願いいたします。
URL https://www.nihonbungeisha.co.jp/

Printed in Japan　112250117-112250410Ⓝ05（201133）
ISBN978-4-537-22263-0
©NIHONBUNGEISHA2025
編集担当　和田

印刷物のため、色は実際と違って見えることがあります。ご了承ください。
本書の一部または全部をホームページに掲載したり、本書に掲載された作品を作って店頭やネットショップなどで無断で販売することは、著作権法で禁じられています。

QRコードを読み取ってのWEBページ閲覧機能は、予告なく終了する可能性がございます。QRコードは株式会社デンソーウェーブの登録商標です。

法律で認められた場合を除いて、本書からの複写・転載（電子化を含む）は禁じられています。また、代行業者等の第三者による電子データ化および電子書籍化は、いかなる場合も認められていません。